当代北京城市发展 2014

Contemporary Urban Development of Beijing 2014

◎当代北京编辑部

当代中国出版社
Contemporary China Publishing House

图书在版编目(CIP)数据

当代北京城市发展2014 / 当代北京编辑部编. —北京：当代中国出版社，2015.1
ISBN 978-7-5154-0550-6

Ⅰ. ①当… Ⅱ. ①当… Ⅲ. ①城市发展—研究—北京市—2014 Ⅳ. ①F299.271

中国版本图书馆CIP数据核字(2014)第306324号

出 版 人　周五一
责任编辑　任小平
出版发行　当代中国出版社
地　　址　北京市地安门西大街旌勇里8号
网　　址　http://www.ddzg.net
邮　　箱　ddzgcbs@sina.com
邮政编码　100009
编 辑 部　(010)66572264　66572132　66572154
市 场 部　(010)66572281或66572155/56/57/58/59转
印　　刷　北京天颖印刷有限公司
开　　本　889 ×1194毫米 1/16
印　　张　8.5印张　插图25幅　63千字
版　　次　2015年1月第1版
印　　次　2015年1月第1次印刷
定　　价　68.00元

前 言
Preface

展现在读者面前的这本著作的酝酿和筹备始于2011年。是年初，作为国家级科研项目《当代中国城市发展》丛书组成部分的北京卷出版，它对当代北京城市60年的发展历程、特点、规律及其经验教训做了全面的总结，受到各方好评，并荣获北京市第十二届哲学社会科学优秀成果一等奖。当北京卷付梓时，北京城市因奥运会的成功举办而跨入了新的阶段，并挟国庆60周年盛典之长风、破国际金融危机波及之恶浪，充分利用奥运遗产而提出了更加宏伟的目标。这意味着北京城市发展将翻开新的一页。这新的一页就在“十二五”规划的开局之年——2011年郑重掀开。为了紧随北京城市发展的脚步，我们决定编写年度报告《当代北京城市发展》。

经过近一年的酝酿和筹备，2012年开始编写。当时，我们对报告文本面貌的初步设想是：年度报告不是流水账式的原始记录，而是在初步整理和研究的基础上，对北京市委、市政府关于当年城市发展的重要决策、方针、政策及其效应，对城市发展的实际进展、突出特点，做概括式的叙述和评论；对城市规划、城市建设、城市管理诸方面的举措、成效及其对城市发展的贡献，做平实的叙述。为了全面而重点突出、特点鲜明地再现当年城市发展的面貌，年度报告的大板块力求全覆盖并相对稳定，其具体内容则视当年城市发展的实际情况而有所选择和侧重。本着对资料的真实性、叙事的概括性、评论的准确性并兼顾相关知识性的追求，报告将采用文、图、表、相关链接适当搭配的方式，力求形成一个简明、清晰、具象而利于轻松阅读和方便参考的读本。按照年度报告的惯例，是年文本的内容所反映的是上年北京城市发展的状况。

2012年文本编定后，以内部资料的形式印出，广泛征求意见，获得了大多是肯定和鼓励性的反馈，我们又作了认真改进，并决定《当代北京城市发展》年度报告公开出版，奉献给关心和热爱北京的朋友，期望得到大家的指导和帮助。

目录
Contents

Annual Overview
年度概述

2013年，北京市人民积极学习贯彻中共十八大精神和市十一次党代会精神，坚持稳中求进、稳中有为、稳中提质，牢牢把握首都发展的阶段性特征，综合实施稳增长、调结构、促改革、惠民生系列措施，首都经济稳中向好，结构调整扎实推进，内生动力持续增强，社会民生继续改善，“十二五”规划实施取得阶段性成效。

表1-1 “十二五”时期北京经济社会发展主要监测指标

项　目	“十二五”时期监测发展目标	2011	2012	2013
地区生产总值比上年增长	年均增长8%	8.1%	7.7%	7.7%
第三产业占地区生产总值比重	达到78%以上	76.1%	76.5%	76.9%
最终消费率	达到60%	58.4%	59.6%	61.3%
地方公共财政预算收入比上年增长	年均增长9%	27.7%	10.3%	10.4%
城镇居民人均可支配收入实际增长	年均实际增长8%	7.2%	7.3%	7.1%
农村居民人均纯收入实际增长	年均实际增长8%	7.6%	8.2%	7.7%
城镇登记失业率	控制在3.5%以内	1.39%	1.27%	1.21%
重点食品安全监测抽查合格率	达到98%	95.5%	95.3%	96.94%
药品抽验合格率	达到98%及以上	99.3%	99.7%	99.88%
全社会研究与试验发展经费支出占地区生产总值的比重	达到5.5%以上	5.76%	5.95%	6.08%
万元地区生产总值能耗降低	累计降低17%	6.95%	4.75%	—
万元地区生产总值水耗降低	累计降低15%	5.49%	7.38%	5.85%
全市林木绿化率	达到57%	54.0%	55.5%	57.4%

资料来源：北京市统计局，国家统计局北京调查总队．北京统计年鉴2014

一、经济总体运行平稳

2013年，北京根据其所处的阶段性特点，围绕功能定位谋划发展，更加注重发展质量和效益，以创新为支撑、以改革为动力，首都经济高端引领、创新驱动、绿色发展的格局逐步形成。

图1-1 北京2013年地区生产总值

2013年，按人口法计算，北京常住人口城镇化率达到86.30%，户籍人口城镇化率62.24%，实现地区生产总值19500.6亿元（图1-1），比上年增长7.7%，增幅与上年持平，增势较为平稳，人均地区生产总值达到93213元。第一产业实现增加值161.8亿元，增长3%。第二产业实现增加值4352.3亿元，增长8.1%，其中工业实现增加值3536.9亿元，增长7.8%。第三产业实现增加值14986.5亿元，增长7.6%（表1-2）。[1] 完成固定资产投资7032.2亿元，增长8.8%，其中民间投资增长15.9%。实现社会消费品零售额8375.1亿元，增长8.7%。城镇登记失业率为1.21%，始终处在较低水平。城乡居民收入分别达到4万元和1.8万元，分别同比增长10.6%和11.3%，扣除价格因素，分别实际增长7.1%和7.7%。地方公共财政预算收入完成3661.1亿元，增长10.4%。居民消费价格同比上涨3.3%。万元地区生产总值水耗同比下降5.85%左右，降幅继续处在全国前列。[2]

[1] 北京市统计局，国家统计局北京调查总队．2013年全市经济运行情况．2014-01-23. http://www.bjstats.gov.cn/sjjd/jjxs/201401/t20140123_266744.htm
[2] 关于北京市2013年国民经济和社会发展计划执行情况与2014年国民经济和社会发展计划草案的报告．2014-05-27. http://www.bjpc.gov.cn/zhjh/jhbg/201405/t7766089.htm

表1-2 北京2013年地区生产总值

指　标	增加值（亿元）	比上年增长率	比重率
地区生产总值	19500.6	7.7%	100%
第一产业	161.8	3.0%	0.8%
第二产业	4352.3	8.1%	22.3%
工业	3536.9	7.8%	18.1%
建筑业	815.4	9.6%	4.2%
第三产业	14986.5	7.6%	76.9%
交通运输、仓储和邮政业	883.6	7.0%	4.5%
信息传输、计算机服务和软件业	1749.6	7.2%	9%
批发和零售业	2372.4	6.6%	12.2%
住宿和餐饮业	374.8	–3.2%	1.9%
金融业	2822.1	11%	14.5%
房地产业	1339.5	3.4%	6.9%
租赁和商务服务业	1536.6	9.5%	7.9%
科学研究、技术服务和地质勘查业	1444.3	11.2%	7.4%
水利、环境和公共设施管理业	113.0	5.2%	0.6%
居民服务和其他服务业	133.3	3.0%	0.7%
教育	758.2	6.9%	3.9%
卫生、社会保障和社会福利业	416.1	11.5%	2.1%
文化、体育和娱乐业	445.3	6.1%	2.3%
公共管理和社会组织	597.7	2.4%	3%

资料来源：北京市2013年国民经济和社会发展统计公报

二、产业结构和消费结构优化

产业结构继续优化　2013年，北京市三次产业结构由2012年的0.8:22.7:76.5变为0.8:22.3:76.9，第三产业比重比上年提高0.4个百分点。

都市农业特征进一步凸显 2013年，北京市实现农林牧渔业总产值421.8亿元，比上年增长6.6%，增速比2012年回落2.38个百分点。

全年粮食产量96.1万吨，下降15.5%；但粮食亩产达到403.3公斤，增长3.1%，增幅比上年提高2.2个百分点；与居民菜篮子密切相关的蔬菜及食用菌、牛奶等产品产量分别下降了4.6%和5.5%，禽蛋产量增加15.1%。现代农业增长较快，农业观光园和民俗旅游户收入分别为27.4亿元和10.2亿元，增长1.8%和12.1%；设施农业收入57.3亿元，比上年增长10.2%（表1-3）。

表1-3 北京2008—2013年农村经济发展状况

项 目	2008年	2009年	2010年	2011年	2012年	2013年
农林牧渔业总产值(现价)(亿元)	303.9	315.0	328.0	363.1	395.7	421.8
农业观光园经营总收入(亿元)	13.6	15.2	17.8	21.7	26.9	27.4
民俗旅游总收入(亿元)	5.3	6.1	7.3	8.7	9.1	10.2
设施农业收入(亿元)	28.2	33.9	40.7	45.6	52.0	57.3
主要农产品产量(万吨)						
粮食	125.5	124.8	115.7	121.8	113.8	96.1
蔬菜及食用菌产量	321.3	317.1	303.0	296.9	279.9	266.9
禽蛋	15.2	15.4	15.1	15.1	15.2	17.5
牛奶	66.4	67.4	64.1	64.0	65.1	61.5
肉类	45.1	47.2	46.3	44.4	43.2	41.8

资料来源：北京市2008—2013年国民经济和社会发展统计公报

第二产业重点行业支撑作用增强 2013年，北京市工业增加值比上年增长7.8%。全年实现工业增加值3536.9亿元，比上年增长7.8%，为近三年来年度最高水平（图1-2）。其中，规模以上工业增加值增长8%。在规模以上工业中，国有控股企业增加值增长6.8%；高技术制造业、现代制造业增加值分别增长10.4%和14.2%，高于工业平均增速6.2个和2.4个百分点。制造业高端化、服务化趋势明显，服务环节贡献度不断提升。

高耗能行业趋于收缩，如石油加工、炼焦和核燃料加工业，化学原料和化学制品制造业增加值分别下降18%和2.6%。[3] 重点行业对北京市工业增长发挥了明显的支撑作用：汽车制造业增长24%，计算机、通信和其他电子设备制造业增长11.9%，医药制造业增长8.9%，3个行业对北京市工业增长的贡献率达到44.8%（表1-4）。

[3] 北京市统计局，国家统计局北京调查总队．2013年全市经济运行情况．2014-01-23. http://www.bjstats.gov.cn/sjjd/jjxs/201401/t20140123_266744.htm

图1-2　2009—2013年工业增加值及增长速度

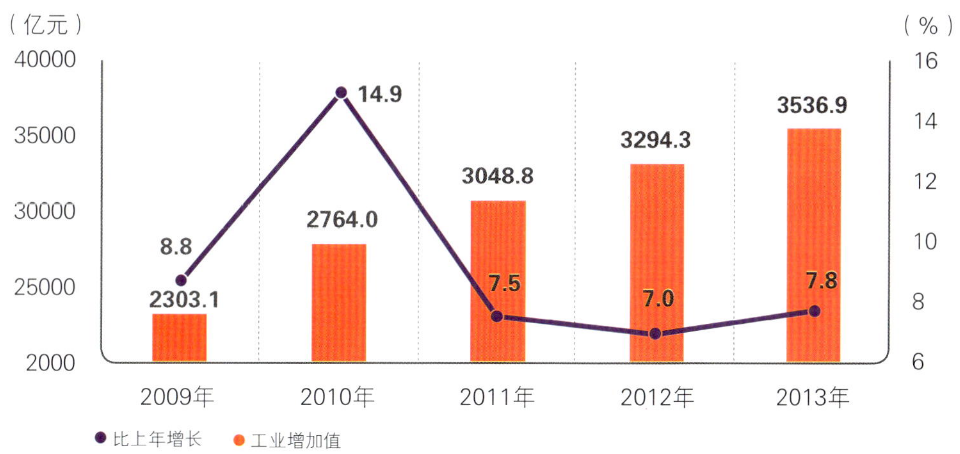

资料来源：北京市2013年国民经济和社会发展统计公报

表1-4　2013年规模以上工业主要行业增加值增长速度

指　标	比上年增长
工业增加值	7.8%
规模以上工业增加值	8%
其中：国有控股企业	6.8%
其中：石油加工、炼焦和核燃料加工业	–18%
化学原料和化学制品制造业	–2.6%
医药制造业	8.9%
非金属矿物制品业	6.7%
黑色金属冶炼和压延加工业	0.3%
通用设备制造业	–4.8%
专用设备制造业	11.7%
汽车制造业	24%
铁路、船舶、航空航天和其他运输设备制造业	32.3%
电气机械和器材制造业	6.9%
计算机、通信和其他电子设备制造业	11.9%
电力、热力生产和供应业	6.3%

资料来源：北京市2013年国民经济和社会发展统计公报

生产性服务业在第三产业中占比增大 2013年，第三产业增加值按可比价格计算，比上年增长7.6%。从增加值占比的行业分析，位于前六位的行业分别是：金融业实现增加值2822.1亿元，增长11%，占北京市地区生产总值的比重为14.5%；批发和零售业实现增加值2372.4亿元，增长6.6%，占12.2%；信息传输、计算机服务和软件业实现增加值1749.6亿元，增长7.2%，占9%；租赁和商务服务业实现增加值1536.6亿元，增长9.5%，占7.9%；科学研究、技术服务和地质勘查业实现增加值1444.3亿元，增长11.2%，占7.4%；房地产业实现增加值1339.5亿元，增长3.4%，占6.9%。

链接 1 生产性服务业

生产性服务业是指直接或间接为生产、经营活动以及政府管理等提供中间服务的服务性产业。生产性服务业是生产者在生产者服务业市场上购买的服务，是为生产、商务活动而非直接向个体消费者提供的服务。生产性服务也可理解为服务生产的外部化或市场化，即企业内部的生产服务部门从企业分离和独立出去，分离和独立的目的是降低生产成本，提高生产效率和企业经营的专业化程度。

产业布局集聚化 2013年，北京产业集聚过程更加明显，产业功能区继续引领发展，六大高端产业功能区的收入增长20%左右，占北京市经济比重提高到44%左右。企业总部加快聚集，新认定跨国公司地区总部12家，累计达到139家，总部经济占北京市经济比重达到50%左右。

链接 2 产业集聚

产业集聚是指属于某种特定产业及其相关支撑产业，或属于不同类型的产业在一定地域范围内的地理集中，形成强劲、持续竞争优势的现象。产业集聚作为产业演化过程中的一种地缘现象，是各国经济发展过程中的必然产物。由于规模收益递增和正的外部经济效应，产业集聚往往会导致制造工业进一步趋向集中。同时，产业集聚行为能够带来集聚效应、共生效应、协同效应、区位效应、结构效应等诸多优势，对区域产业布局与发展有着重要影响。

固定资产投资适度持续稳定增长 2013年，北京完成全社会固定资产投资7032.2亿元，比上年增长8.8%（图1-3）。其中，国有控股单位完成投资4156.8亿元，比上年增长4.6%；民间投资完成2419.5亿元，比上年增长15.9%，高于全社会固定资产投资7.1个百分点，占全社会投资的比重为34.4%，同比提高2.1个百分点。企业主动适应市场变化，加快调整升级，积极开展商业模式创新，推动信息技术、数字内容、移动互联网不断融合，综合竞争优势不断增强。

图1-3　2009—2013年全社会固定资产投资及增长速度

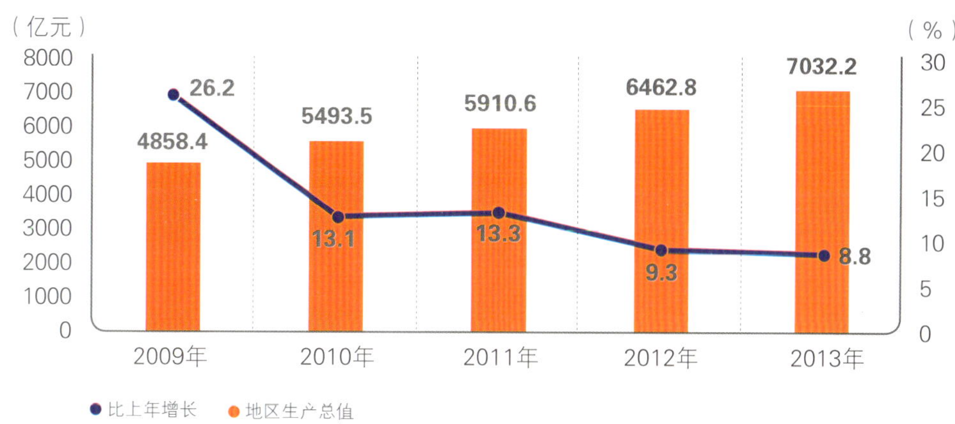

消费结构趋于优化 2013年，北京城镇居民家庭恩格尔系数为31.1%，比2012年下降了0.3%（图1-4）。意味着北京居民消费结构日趋优化，生活质量不断提高。

图1-4　1978—2013年北京城镇居民家庭恩格尔系数变化

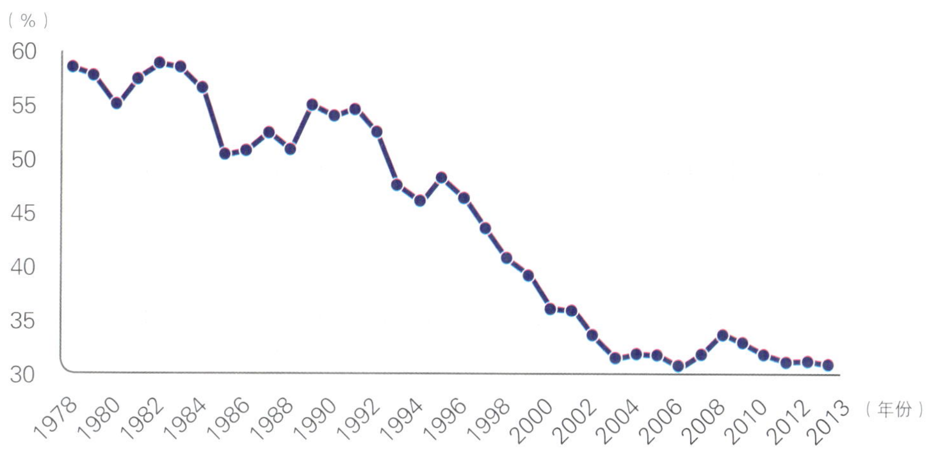

资料来源：北京市统计局，国家统计局北京调查总队．北京统计年鉴2014

链接3　恩格尔定律和恩格尔系数

德国统计学家恩格尔在研究人们的消费结构变化时阐明了一个定律：随着家庭和个人收入增加，收入中用于食品方面的支出比例将逐渐减小，这一定律被称为恩格尔定律，反映这一定律的系数被称为恩格尔系数。

根据联合国粮农组织提出的标准，恩格尔系数高于0.6表示绝对贫困，0.5—0.6表示温饱，0.4—0.5表示小康，0.3—0.4表示富裕，0.3以下表示最富裕。恩格尔定律揭示了居民收入和食品支出之间的关系，用食品支出占消费总支出的比例来说明经济发展、收入增加对生活消费的影响程度。随着收入的增加，消费的重心才会开始向穿、用等其他方面转移。

批发和零售业持续向好 2013年，北京批发和零售业实现商品购销额115912.7亿元，比上年增长10.2%。全年实现社会消费品零售总额8375.1亿元，比上年增长8.7%。按消费形态分，实现商品零售额7592亿元，增长10.4%，餐饮收入783.1亿元，下降5%（表1–5）。

表1–5 2013年北京市社会消费品零售总额

指 标	零售额（亿元）	比上年增长
社会消费品零售总额	8375.1	8.7%
按商品用途分		
吃类商品	1672.6	2.5%
穿类商品	727.3	1.0%
用类商品	5367.8	13.5%
烧类商品	607.4	–2.6%
按消费形态分		
餐饮收入	783.1	–5.0%
商品零售额	7592.0	10.4%

资料来源：2013年北京市社会消费品零售总额．中商情报网．2014–02–17

限额以上批发和零售企业中，汽车类实现零售额1753亿元，增长6.5%；中西药品类实现零售额710.9亿元，增长11.9%；通讯器材类实现零售额470.3亿元，增长40.4%；文化办公用品类实现零售额461.6亿元，增长19.4%；家用电器和音像器材类实现零售额338.2亿元，增长24.7%。商品零售中，2013年北京限额以上批发零售企业实现零售额7099.8亿元，增长9.2%。其中通讯器材类（包括手机等）、家用电器和音像器材类（包括冰箱、空调、电视等）、文化办公用品类（包括电脑等）零售额增速分别高于全国20个、10.2个和7.6个百分点，也远高于8.7%的北京市社会消费品零售总额增速。

消费模式发生重大变化 以互联网为媒介的新兴业态 “网上销售”发展迅猛，2013年限额以上批发和零售企业实现网上零售额926.8亿元，同比增长44.3%，占全部零售额的11.1%。比重较上年提高3.4个百分点。[4]

[4] 北京市统计局，国家统计局北京调查总队．2013年全市经济运行情况．2014–01–23. http://www.bjstats.gov.cn/sjjd/jjxs/201401/t20140123_266744.htm

三、创新对经济结构调整的支持力度加大

市政府鼓励创新的举措　为了以创新驱动推进经济结构调整，市政府建立区县差异化考核评价指标体系，降低首都功能核心区、生态涵养发展区经济增长指标的考核权重，突出人口规模、发展质量、生态环境三个方面。政府产业发展的整体思路是做强有优势、有基础的现代制造业，原则上不再发展一般制造业，做大节能环保产业，把握大数据时代特征，用互联网思维改造提升传统产业；做好充换电设施的规划建设，鼓励购买新能源汽车。中关村“新四条”政策获批实施，“1+6”政策试点持续深化，推进高等学院科技成果转化等市级政策出台，人才特区、国家科技金融创新中心加快建设。

链接4　中关村“新四条”政策

2013年国务院新批复同意开展文化科技融合企业认定、有限合伙制创业投资企业法人合伙人所得税、5年以上非独占许可使用权技术转让、中小高新技术企业向股东转增股本个人所得税等四项政策试点，即中关村“新四条”政策。这是继“1+6”系列先行先试政策之后，中关村新一轮政策创新工作的集中成果。相关政策的落实对于进一步优化中关村创新创业环境，更好发挥先行先试的示范作用，具有重要意义。

创新要素加快聚集　2013年，中关村作为国家自主创新示范区，在引导北京建设创新城市方面作用显著。示范区内企业总收入、内部科技活动经费支出均增长20%以上，新一代高精度北斗导航等一批关键技术取得突破。示范区入选“千人计划”的人数超过全国的两成，创业板上市公司占全国的1/7，“新三板”挂牌企业占全国的70%以上，发生的创业投资、股权投资案例和投资金额占全国的1/3。规模以上文化创意产业收入增长7.5%，首届惠民文化消费季交易额超过50亿元，国际设计周等重大文化活动成功举办，首都文化影响力不断提升。

链接 5　千人计划

"千人计划"是"海外高层次人才引进计划"的简称。2008年12月，中共中央办公厅转发《中央人才工作协调小组关于实施海外高层次人才引进计划的意见》；从2008年开始，围绕国家发展战略目标，在国家重点创新项目、学科、实验室以及中央企业和国有商业金融机构、以高新技术产业开发区为主的各类园区，引进2000名左右人才并有重点地支持一批能够突破关键技术、发展高新产业、带动新兴学科的战略科学家和领军人才来华创新创业。

海外高层次人才引进工作小组负责"千人计划"的组织领导和统筹协调。工作小组由中央组织部、人力资源和社会保障部会同教育部、科技部、中国人民银行、国资委、中国科学院、中央统战部、外交部、发改委、工业和信息化部、公安部、财政部、侨办、中国工程院、自然科学基金委、外专局、共青团中央、中国科协等单位组成。

研发能力和科技转化能力得到加强　2013年，北京市继续加大科技投入，不断加强其研发能力和科技转化能力，注重发挥科技创新作用，并取得了明显成效，支撑经济稳步转型。2013年全年地方公共财政预算支出增长13.2%，其中用于科学技术的支出增长17.4%，比预算支出增速高出4.2个百分点。北京市研究与试验发展（R&D）经费支出1200.7亿元，比上年增长12.9%；相当于地区生产总值的6.16%，比上年提高0.21个百分点，在全国处于领先地位。科技产出成果卓然，专利申请量与授权量分别增长33.6%和24.1%，增速分别比上年提高15.2个和0.6个百分点。全年共签订各类技术合同62743项，增长4.6%；技术合同成交总额2851.2亿元，增长16%（图1-5）。

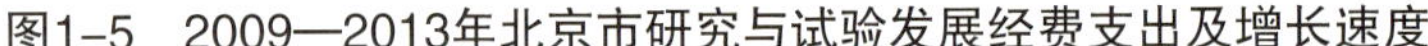

图1-5　2009—2013年北京市研究与试验发展经费支出及增长速度

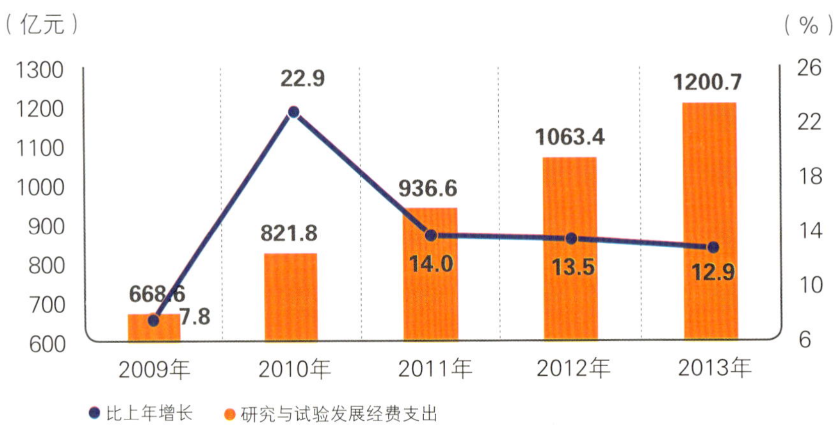

资料来源：北京市2013年国民经济和社会发展统计公报

科技创新工作取得显著成效 2013年，北京市科技创新支撑经济社会发展取得新进展。1—10月，北京市规模以上科技服务业实现收入4020亿元，同比增长9.8%。1—11月，中关村国家自主创新示范区实现总收入2.44万亿元，同比增长24.1%，在全国高新区综合排名中居第1位。截至2013年底，北京市有高新技术企业9300余家，占全国的近20%；科技型企业近24万家；国家级科技创新基地300家，占全国的1/3；市级科技创新基地1300家。[5]

四、市域协调发展得以推进

固定资产投资向农业、农村倾斜 近年来北京对郊区农村固定资产投资逐年增加，2013年全社会固定资产投资中城镇投资6352.6亿元，增长8.5%；农村投资679.6亿元，增长11.5%；三次产业固定资产投资年度增长最大的是第一产业，达到20%（表1-6）。尽管从总量上看城乡之间投资总量不在一个数量级上，但从增长幅度来看，农村地区要比城镇高出3个百分点，可以看出固定资产向农业和农村地区倾斜的力度。

表 1-6 2013年分行业固定资产投资

行业名称	投资额（亿元）	比上年增长
第一产业：农、林、牧、渔业	175.5	20.6%
第二产业	755	4.9%
第三产业	6101.7	9%
总　计	7032.2	8.8%

探索小城镇发展新模式 2013年6月，由北京怀柔区政府和国开金融有限责任公司联合北京市小城镇发展基金，共同投资设立桥梓城镇发展基金，分三个阶段开发建设的“桥梓新城”项目正式签约[6]，开启了北京市小城镇发展新模式[7]。该项目把政府的政策和组织优

[5] 科技创新支撑北京经济社会发展——2013年地方科技工作巡礼．北京市科委．2014-01-23. http://www.most.gov.cn/ztzl/qgkjgzhy/2014/2014df/201401/t20140123_111653.htm

[6] 北京股权基金参与小城镇建设．人民日报．2013-06-13. http://finance.ce.cn/rolling/201306/13/t20130613_17126998.shtml

[7]“小城镇发展基金”孵化现代城镇群．新京报．2013-08-27. http://news.dichan.sina.com.cn/2013/08/02/816922.html

势、国开行的理念和资金优势、市场化机构的运营和机制优势充分结合起来，不仅为怀柔区桥梓镇的建设提供充裕的资金保障，而且将引导支持相关产业机构和城镇运营资源的进驻，树立城乡统筹、民生保障、环境优美、基础配套、产业发展、绿色智慧的中国城镇建设新典范。[8]

链接6　北京市小城镇发展基金

2012年4月，北京市小城镇发展基金设立，由国开金融公司出资80%，北京市政府出资20%。国开行北京分行牵头为项目公司提供70%的银团贷款支持，投资对象以北京市42个重点小城镇为主。北京小城镇发展基金以民生、规划、产业、环境等城镇发展核心要素为依托，意图整合全球一流的城镇建设资源，实现“一镇一品”，全面提升北京郊区县的城镇化水平，打造中国城镇发展的新模式。

北京市小城镇发展基金首批合作的重点镇，包括平谷区金海湖镇、顺义区赵全营镇和李遂镇、房山区长沟镇、大兴区魏善庄镇、门头沟区军庄镇、怀柔区桥梓镇等。

新“三起来”工程启动　为加快城乡发展一体化进程，2013年北京提出“新三起来”工程，即“土地流转起来、资产经营起来、农民组织起来”。在乡村升值、城乡融合的背景之下，“新三起来”工程可以进一步提高农村的土地产出率、资产收益率、劳动生产率，激发“三农”活力，成为转变农业农村经济增长方式，实现农民增收的重要保障。[9]

创建美丽乡村　2013年，北京继续推进50个重点村建设，完成50个村的回迁安置房建设以及整建制农转居、集体产权制度改革工作。2013年北京新型农村社区建设试点增加到30个，并继续组织“北京最美的乡村”、“北京最美乡村路”宣传评选活动，启动“美丽京郊、生态田园”主题活动，激励带动了一批乡村的建设。

人口向城市功能拓展区、城市发展新区疏散　受中心城区资源局限，北京一直把疏解中心城区功能作为优化人口空间布局的突破口，产业和人口向郊区疏散势头明显，中心城区人口聚集度有所降低（表1-7）。

城南开启第二阶段“城南行动”计划　2013年3月19日，北京市政府正式发布《关于促进城市南部地区加快发展第二阶段行动计划（2013—2015年）》，明确了未来三年城南的发展目标和重点任务，标志着新一轮促进城南加快发展的步伐正式启动。

西部转型发展年度计划顺利推进　2013年是北京市西部地区转型发展的第三年，北京市制定了《2013年加快西部地区转型发展实施计划》，以新首钢高端产业综合服务区开发

[8] 北京小城镇发展基金开建“桥梓新城”. 光明日报 . 2013-06-14.
http://epaper.gmw.cn/gmrb/html/2013-06/14/nw.D110000gmrb_20130614_6-10.htm?div=-1
[9] 北京推“新三起来”工程 转变农村经济增长方式 . 新京报 . 2013-09-23.
http://www.chinanews.com/sh/2013/09-23/5311407.shtml

建设为重点的18项举措全面实施，突出西部地区产业结构深度调整和城市功能精细再造。

2013年西部地区实施5.95万亩平原造林、京津风沙源治理二期、废弃矿山生态修复等生态建设工程；实施了永定河龙泉湾、大石河、小清河等河道治理，门头沟中门寺沟中段、石门营沟水环境综合治理；继续推进棚户区改造，加快采空棚户区和工矿棚户区安置房建设；推进包括开建长安街西延、北辛安路、丰沙铁路入地改造等重大基础设施和苹果园综合交通枢纽建设。

表1-7　北京不同功能区人口密度2010—2013年常住人口及其所占比例变化情况

区　县		首都功能核心区	城市功能拓展区	城市发展新区	生态涵养发展区	全　市
2010年	常住人口(万人)	216.2	955.4	603.2	186.4	1961.9
	所占比例	11.02%	48.70%	30.75%	9.50%	
2011年	常住人口(万人)	215.0	986.4	629.9	187.3	2018.6
	所占比例	10.65%	48.87%	31.20%	9.28%	
2012年	常住人口(万人)	219.5	1008.2	653.0	188.6	2069.3
	所占比例	10.61%	48.72%	31.56%	9.11%	
2013年	常住人口(万人)	221.2	1032.2	671.5	189.9	2114.8
	所占比例	10.46%	48.81%	31.75%	8.98%	
2010—2013年增量	常住人口(万人)	5.0	76.8	68.3	3.5	
	所占比例增加	−0.56%	0.11%	1.01%	−0.52%	

2013年第九届中国（北京）国际园林博览会在丰台区举办，促进高端要素向丰台聚集。在筹建的三年中，丰台区共引进注册资本金亿元以上企业112家，加快了永定河绿色生态发展带和西部地区转型发展，促进了长辛店生态城、丰台科技园西区等一批重大产业项目的落地，形成高端装备制造、高新技术、文化创意产业聚集及旅游会展业发展，构建“高端、绿色、融合”的现代化产业体系。

链接 7　北京城市南部地区与西部地区的范围

根据北京市政府的发展规划，北京城市南部地区包括原崇文、宣武区和丰台、房山、大兴在内的五区，总面积 3367.1平方公里，占全市的 20.5%，是北京城市未来发展的重要空间和京津冀区域合作的门户通道。

北京西部地区是指石景山区、门头沟区两区全境，丰台区河西地区、房山区的山区及永定河流域地区，是首都重要的绿色生态屏障和首都经济调结构、转方式、上水平的重要区域。

新城新区发展稳步推进 2013年北京新城新区建设获得稳步推进。"新首钢高端产业综合服务区"的规划已经正式获批，一个具有国际视野、复合功能、高端品质的现代商务功能区将出现在首钢旧址上。丽泽金融商务区作为住建部批准的"首批国家智慧城市试点"，保持迅猛发展态势，南区基本完成土地一级开发，并启动了基础设施建设，北区拆迁基本完成。通州高端商务服务区的"一核五区"进入全面建设期，重点组团建设梯次推进。

五、环境治理和生态建设进入新阶段

2013年，北京市各项环境质量保障工作稳步推进，主要污染物排放总量继续下降，提前两年动态完成国家下达的"十二五"污染减排任务。但污染物排放总量仍大幅超出环境容量，环境质量的改善仍面临艰巨挑战。

实施清洁空气行动计划 为落实国家《大气污染防治行动计划》和京津冀及周边地区实施细则，北京市于2013年9月发布实施《北京市清洁空气行动计划（2013—2017年）》；同时制定压减燃煤工作方案和空气重污染应急预案，打出大气治理"组合拳"：退出288家污染企业，率先实施第五阶段汽油车新车排放标准，更新老旧机动车36.6万辆；完成锅炉清洁能源改造3428蒸吨、核心区平房煤改电4.4万户、农村煤改电4514户，散煤治理工作全面启动；积极调整能源结构，西南热电中心竣工投产，西北热电中心4台机组具备调试条件，东北热电中心主体结构完工，陕京三线、大唐煤制气一期、唐山LNG一期工程建成投产，优质能源比重提高到77%。

链接 8 《北京市清洁空气行动计划（2013—2017年）》

为贯彻落实国家《大气污染防治行动计划》，进一步改善空气质量，特制定《北京市清洁空气行动计划（2013—2017年）》，包括八大污染减排工程、六大实施保障措施和三大全民参与行动。

八大污染减排工程包括：源头控制减排工程、能源结构调整减排工程、机动车结构调整减排工程、产业结构优化减排工程、末端污染治理减排工程、城市精细化管理减排工程、生态环境建设减排工程、空气重污染应急减排工程。

六大实施保障措施包括：完善法规体系、创新经济政策、强化科技支撑、加强组织领导、分解落实责任、严格考核问责。

三大全民参与行动包括：企业自律的治污行动、公众自觉的减污行动、社会监督的防污行动。

本行动的目标是：经过五年努力，全市空气质量明显改善，重污染天数较大幅度减少。到2017年，全市空气中的细颗粒物年均浓度比2012年下降25%以上，控制在60微克/立方米左右。

对PM2.5全面监测 2013年，北京市建立由35个PM2.5监测站点形成的监测网络体系，通过网络、手机等空气质量发布平台，实时更新数据，为公众提供服务。北京对PM2.5的全面监控，对其构成、危害和市域内外来源的分析，以及在此基础上提出区域联防联控措施，把人们重视生态建设的热情、责任感和积极性都极大地调动了起来，从而推动环境治理和生态建设进入了新阶段。

垃圾污水治理提速 2013年3月，为加快北京市生活垃圾处理设施建设，确保首都城市运行安全，北京市制定《北京市生活垃圾处理设施建设三年实施方案(2013—2015年)》，彻底清除253处非正规垃圾填埋场，消除垃圾渗滤液对地下水的污染。2013年，鲁家山垃圾焚烧厂试运行，垃圾日处理能力提高3000吨。

2013年，为落实《北京市加快污水处理和再生水利用设施建设三年行动方案(2013—2015年)》和进一步加强北京市地下水污染防治工作、确保首都供水安全，北京市2013年9月制定了《北京市制定地下水保护和污染防控行动方案》，从制定完善地下水保护政策和规划、治理生活污水污染、清除非正规垃圾填埋场、控制工业污染、防控农业点面源污染、封填废弃机井、建设生态清洁小流域、整合优化地下水监测网络八个方面安排下一阶段工作。2013年，北京完成清河、酒仙桥污水处理厂升级改造，建成丰台河西、大兴黄村等再生水厂，新增再生水日生产能力78万立方米。

绿化建设步伐加快 2013年，北京新增城市绿化面积1100公顷，完成平原造林36.4万亩，形成10处万亩以上大型绿色板块，11处新城滨河森林公园全部建成开放。编制市级绿道建设总体方案，启动建设绿道200公里。启动实施京津风沙源治理二期工程，山区绿色生态屏障进一步巩固。继续推进三大流域治理，完成永定河城市核心段、潮白河密怀顺三区交界段治理工程，建成北运河榆林庄闸主体工程，城市水环境有所改善。

节能减排工作深入推进 2013年，北京强化“内涵促降”，健全“双控”节能管理机制，碳排放权交易开市，推动一批节能改造工程，加快新能源新技术开发利用步伐，百兆瓦阳光校园光伏屋顶一期、六里屯垃圾填埋气二期等项目竣工投产。采取综合手段加大减排力度，二氧化硫、氮氧化物排放量分别削减3%以上，化学需氧量、氨氮排放量分别削减2%以上。

六、惠民实事全面落实

顺应人民群众新期待，加强和创新社会管理，不断改善人民群众生活。

全市就业形势基本稳定 就业是民生之本，2013年北京就业形势保持稳定，全年城镇新增就业42.9万人；年末北京市实有城镇登记失业人员6.8万人，比上年末减少0.4万人；城镇登记失业率为1.21%，比上年末下降0.06个百分点。

城乡居民收入稳步增长 总体经济和就业的平稳增长，带动城乡居民收入稳步增长。《统计公报》数据显示，2013年北京市城镇居民人均可支配收入达到40321元（图1-6），比上年增长10.6%；农村居民人均纯收入达到18337元，增长11.3%。全年城、乡居民收入增速逐季提高，并呈现出两个特点。一是政府转移支付力度继续加大。城、乡居民转移性收入分别增长15.7%和32.6%，分别高出城、乡居民收入平均增速5.1个和21.3个百分点，对收入增长的贡献率均超过4成。二是惠农政策继续显效。农村居民收入增速已经连续5年快于城镇居民，城、乡居民收入差距有所缩小。城、乡居民收入比由2008年的2.3:1缩小至2013年的2.2:1[10]。

图1-6　2009—2013年城镇居民人均可支配收入及实际增速

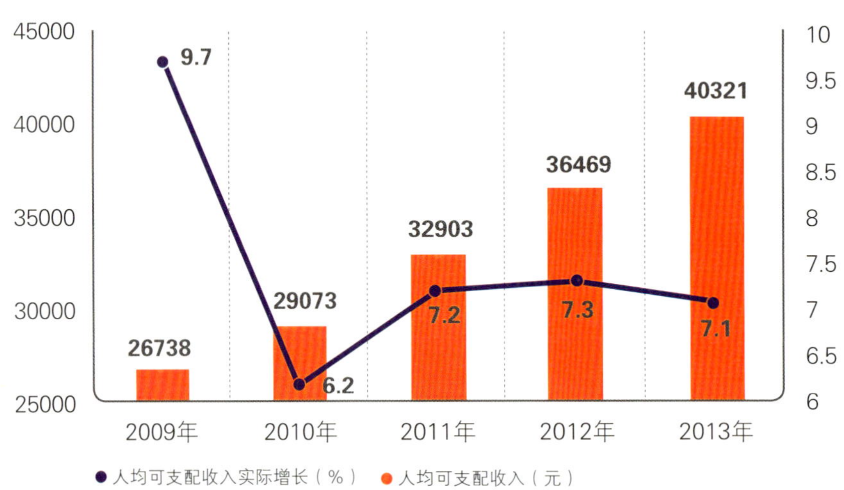

[10] 北京市统计局，国家统计局北京调查总队.稳中有进 进中有为——《2013年北京统计公报》解读.2014-02-13. http://www.bjstats.gov.cn/xwgb/tjgb/ndgb/201402/t20140213_267717.htm

社会保障体系进一步完善 社会保障由“制度全覆盖”转向“人群全覆盖”。2013年末北京市参加基本养老、基本医疗、失业、工伤和生育保险人数分别比上年末增加104.9万人、75万人、18.4万人、23.1万人和38.5万人，人数平均增长6%左右，社保待遇标准平均提高10%左右。农村居民养老保险参保人数168.7万人，比上年末增加1.7万人。参加新型农村合作医疗人数达到254.3万人，参合率为98%。同时，社会保障相关待遇标准均有不同程度的提高。

民生保障项目成为社会投资的重点领域 2013年北京社会投资的重点领域主要包括老旧小区改造、钟鼓楼广场恢复、什刹海等旧城改造及人口疏解项目5个，保障性住房、棚户区改造、房山山区人口迁移等保障性安居工程3个，国家美术馆、国学中心等文化教育项目12个，南城养老院、泰康养老公寓、新华养老居住区等社会服务项目8个。在医疗卫生项目中，回龙观医院新建门急诊综合楼，总建筑面积2.2万平方米，编制床位1369张；同仁医院经济技术开发区院区扩建，编制床位1400张；垂杨柳医院改扩建，编制床位750张；通州新华医院建设门急诊楼，编制床位800张。[11]

32件惠民实事全面落实 完成学前教育三年行动计划，增加幼儿园学位3万个；社会举办的医疗机构新增86家，扩大基本药物和社区药品医保报销范围，总额预付试点医院增加到196家，城乡居民大病保险二次报销不封顶；保障性住房建设超额完成任务，建设16.2万套、竣工8.5万套、配租配售4.7万套；完成1390万平方米老旧小区综合改造，推出2万套自住型商品住房；全年居民消费价格上涨3.3%。[12]

七、城市供给能力提升与管理并重

多方举措治理交通拥堵 北京实施公交优先战略，2013年中心城公交出行比例提高到46%；轨道交通14号线西段、10号线二期剩余段、8号线二期南段、昌八联络线开通试运营，新增通车里程23公里，累计达到465公里；7号线、14号线东段等线路加快建设，在建里程208公里。着力完善骨干路网，建成梅市口路、广渠路二期四环至五环段主路。改善微

[11] 240项目列入重点工程．北京日报．2013-01-31.
http://www.gov.cn/gzdt/2013-01/31/content_2323574.htm

[12] 2014年北京市政府工作报告.
http://zhengwu.beijing.gov.cn/zwzt/2014gzbg/default.htm

循环和停车换乘条件，大力推进P+R停车设施建设，新增居住区停车位2.3万个、P+R停车位2800个。强化交通管理，开通潮汐车道、商务班车，出台出租车管理措施，取得良好效果。

城市运行保障能力进一步提升 2013年北京加强水资源保障，成立北京水务投资中心，推进南水北调市内配套工程，建成孙河供水站等供水工程，新增日供水能力18万立方米。生活必需品市场保持稳定，电力、天然气等能源保障平稳有序。着力完善防洪排水体系，基本完成34条中小河道治理、20座立交桥区积水治理工程，实现安全度汛。“打非治违”专项行动拆除违建1261.4万平方米，区域环境和社会秩序得到改善。

加大改善城市环境投资力度 2013年北京地方公共财政预算支出中，用于农林水事务、节能环保的支出分别增长33.7%和21.7%，远高于13.2%的预算支出增速。北京市基础设施投资中，6成以上投向交通运输和公共服务业。

公共服务供给能力进一步增强 2013年北京完成学前教育三年行动计划，中小学、市属高校三年行动计划有序推进，幼儿园增加学位3万个，新增城乡一体化学校30所、学位2.4万个，学位紧张状况有所缓解。优化医疗资源布局，基本建成7个区域医疗中心。加强养老服务能力建设，提高养老设施建设和运营补贴标准，新增养老床位1万张。建成300家数字文化社区，开展了低票价演出补贴、万场演出下基层等惠民服务。

社会服务管理日益加强 2013年北京网格化社会服务管理体系覆盖75%以上的街道（乡镇）和70%以上的社区（村）。新建200个“一刻钟社区服务圈”示范点。“枢纽型”社会组织三级网络初步形成，向社会组织购买服务项目加快实施。志愿服务常态化建设取得积极成效，北京市注册志愿者组织7000多个，实名注册志愿者超过200万人。全面加强社会治安管理，社会秩序保持和谐稳定。[13]

链接 9 “枢纽型”社会组织

“枢纽型”社会组织概念首次出现在2008年9月北京市社会工作委员会出台的《关于加快推进社会组织改革与发展的意见》，在北京市《关于构建市级“枢纽型”社会组织工作体系暂行办法》中指出：“枢纽型”社会组织是由负责社会建设的有关部门认定，在对同类别、同性质、同领域社会组织的发展、服务、管理工作中，在政治上发挥桥梁纽带作用，在业务上处于龙头地位，在管理上承担业务主管职能的联合性社会组织。2012年9月，区县级“枢纽型”社会组织已有174家，市、区（县）、街道（乡镇）三级“枢纽型”社会组织网络初步形成。

[13] 关于北京市2013年国民经济和社会发展计划执行情况与2014年国民经济和社会发展计划草案的报告 . 2014-05-27. http://www.bjpc.gov.cn/zhjh/jhbg/201405/t7766089.htm

八、改革开放不断深化

重点领域改革进一步深化 2013年，北京行政审批制度改革加快推进，市级部门行政审批事项从1562项减至940项。开展优化投资项目审批工作流程试点，审批时限从300多个工作日缩短至109个工作日。出台鼓励民间资本进入市政基础设施、文化创意产业两个政策意见，试点项目进展顺利。积极推进“营业税改征增值税”（简称“营改增”）试点，试点企业总体税负下降41.2%。稳步推进市属国有企业改革，年内退出劣势企业100户，国有资产证券化步伐加快。推进工商登记制度改革，实施简化登记程序、网上登记等措施，提高准入服务效率。以资源环境价格改革为重点，发挥价格杠杆对调结构、转方式、促减排的积极作用，稳妥实施新的非居民热价、气价以及排污和垃圾收费标准。实施出租车价格调整方案。医药卫生体制改革不断深化，公立医院改革、鼓励引导社会办医等工作取得积极进展。

对内对外开放步伐进一步加快 地区进出口总额增长5.1%。出口结构进一步优化，高新技术产品出口增长12%左右。成功举办了第二届中国（北京）国际服务贸易交易会，服务贸易发展态势良好，进出口额占全国的1/5。实际利用外资实现85.2亿美元，服务业利用外资占八成以上。境外直接投资规模超过24亿美元。首都经济圈发展规划抓紧编制，环渤海地区经济合作发展协调机制进一步完善，区域合作迈入新阶段。[14]

虽然2013年北京各项工作取得很大成绩，但经济社会发展中也在一些困难和问题。一是北京市虽然较早进入经济增速换挡期，增长动力的接续还需要一个过程，经济平稳运行的基础还需要不断牢固，结构调整的步伐还需要进一步加快，一些风险还需要加强防范；二是生产经营成本上升，市场需求没有根本好转，企业经营压力仍然较大；三是人口资源环境矛盾尚未缓解，人口集聚态势没有根本改变，生态环境压力持续加大，特别是大气污染形势日益严峻，能源、土地、水等资源的集约节约利用水平还需提升；四是城市功能还需优化，“单中心”聚集发展格局尚未根本改变，“产城不均”、“职住分离”现象比较突出，交通拥堵、安全运行等社会关切的问题需要加快解决；五是有利于转变发展方式的体制机制还需要进一步完善，政府职能需要加快转变，行政审批制度、财税体制、收入分配体制、资源性产品价格等重点领域改革还需要进一步加快。

[14] 关于北京市2013年国民经济和社会发展计划执行情况与2014年国民经济和社会发展计划草案的报告. 北京日报 . 2014-01-16. http://bjrb.bjd.com.cn/html/2014-01/29/content_146984.htm

规划

City Planning
城市规划

时值“十二五”中期，2013年北京城市规划的工作重点放在检查、评估各项规划的实施情况和业已规划的新城新区、高端产业功能区的发展状况上。同时，相继完成了新机场建设规划、节能环保产业发展规划和市级绿道建设总体方案。它为北京优化产业空间资源配置、落实城乡一体化统筹发展规划理念、推进京津冀区域经济一体化发展提供了保障。

一、新城、新区规划

2013年8月，北京市规划委完成了《北京市“十二五”时期重点新城建设实施规划》的中期评估工作，全面评估了“十二五”中期重点新城建设的实施情况，从发展定位及职能分工落实、主要任务及重点项目推进等方面，对重点功能区建设、三大设施建设、城乡一体化发展等实施情况进行了综合评估，分析梳理了规划实施过程中存在的主要问题，提出了进一步推动重点新城规划实施的对策建议。[15]

（一）新首钢高端产业综合服务区

2013年首钢搬迁后，原首钢地块已被国家发改委纳入全国城市老工业区搬迁规划试点并获得资金支持，同时也被列入北京市“首批生态示范区”。同时，首钢已与IBM公司建立了战略合作关系，在园区建设中有机融入人文科技、智能互联的理念，旨在将园区打造成为产城结合的智慧新城。

“新首钢高端产业综合服务区”规划已经正式获批。其中，“西十筒仓项目”位于服务区北端的工业主题园，通过对极具工业特色的筒仓、料仓及周边区域改造，植入钢铁文化，建成特色街区，计划于2014年10月建成。“互联网金融产业园”将入驻服务区南侧，主要依托现存二型材厂房进行改造建设，将吸纳现代金融行业入驻。新首钢高端产业综合服务区紧邻长安街北侧，还将修建占地约20公顷的首钢广场，构建以“金融商务”为核心的产业体系和一个具有国际视野、复合功能、高端品质的特色现代商务功能区。

（二）丽泽金融商务区

作为首都金融发展的新空间，住建部批准的“首批国家智慧城市试点”，北京丽泽金融商务区坚持生态建设理念，积极探索合作开发模式，截至2013年底，共计193家企业机构入驻丽泽，注册资本金达980亿元，成为首都经济发展新的增长点。

2013年，丽泽金融商务区保持迅猛发展态势，南区基本完成土地一级开发，并启动了基础设施建设；北区拆迁基本完成。中华联合保险等11个项目进展顺利，开复工330万平方

[15] 《北京市“十二五”时期重点新城建设实施规划》中期评估工作完成．北京市规划委员会．2013-08-26. http://www.bjghw.gov.cn/web/static/articles/catalog_10/article_ff808081408815360140ba0fab7600ca/ff80808140881536 0140ba0fab7600ca.html

米，部分项目已实现结构封顶。50万平方米安置房竣工入住。金融信息、金融文化、金融服务等产业聚集明显，年内引进亿元以上企业27家，实现税收11.9亿元，增长153%。

探索复合式综合开发建设模式 为加快开发建设进程，丽泽积极创新体制机制，探索乡村合作开发模式。与乡村集体共同组建的北京丽泽金都实业发展有限公司，与乡村集体形成“共同开发、共享收益”的长效利益共享机制，让农村集体经济以土地和拆迁补偿入股的方式，参与丽泽的开发建设，实现融合发展，从而充分调动乡村集体参与的积极性，破解征地拆迁难题，成为北京市探索“把土地流转起来、资产经营起来、农民组织起来，以提高土地产出率、资产收益率”的新亮点。截至2013年底，北区集体企业拆迁已基本完成，而2012年11月28日启动的农民协议拆迁工作也已完成85%。

成为“首批国家智慧城市试点” 2013年，丽泽金融商务区成为“首批国家智慧城市试点”，下一步丽泽商务区将按照国家智慧城市创建任务书的要求，全面开展产业升级、民生改善、社会治理、生态环境、基础设施建设等智慧城市的创建工作。

坚持生态建设理念，提高商务区品质 丽泽金融商务区坚持生态建设理念，提出把丽泽建成生态商务区、立体交通网、信息高速路、金融不夜城四大目标，规划了3000余亩绿地，80余栋新建建筑被6条绿带环绕，近5公里长的莲花河、丰草河蜿蜒其中。北京丽泽金融商务区还大力倡导低碳生产、低碳消费、低碳生活的绿色发展理念，利用太阳能、冷热联供、雨水收集、污水处理、生态循环系统等先进技术，减少商务区的碳排放和碳足迹。倡导绿色出行，打造15分钟服务圈，提升商务区的环境品质；区域内还将建造4座集中制冷站，为商务区360万平方米的楼宇提供集中供冷；80余栋新建建筑将全部按照绿色低碳指标进行建设；50万吨开发建筑垃圾要在市政工程及环境建设中就地消化。

规划全面启动，建设步入快轨道 2013年，在土地开发上，北区拆迁上半年全面完成，平整土地300公顷；南区剩余64公顷土地入市交易，供地建筑规模94万平方米。在市政建设上，西站南路南延等3条城市主干路基本建成。南区13条次干支路、10类市政管线等市政基础设施基本完工。北区道路和市政管，实现开工。在项目推进上，确保12个已出让项目及北区回迁安置房开复工400万平方米，完成固定资产投资144亿元。在招商引资上，在继续吸引传统金融机构的基础上重点围绕国家金融信息中心、大数据金融中心、财富管理中心等金融创新中心建设,引进各类新兴金融机构入驻，形成产业集聚。[16]

（三）通州新城

核心区进入全面建设期 2013年，核心区中最重要的两条地下交通大动脉——东关大道隧道和北环环隧已相继完工。其中，近千米长的东关大道隧道从地下20多米的深处横穿

[16] 丽泽金融商务区倾力打造“北京金融产业第三极”. 新华网北京频道 . 2014-01-22. http://news.xinhuanet.com/local/2014-01/22/c_119086696.htm

通惠河，快速连接起新城核心启动区的南北两区。1.5公里长的北环环隧设置了26对出入口，串起地铁、高速路以及核心区22个商业地块。除救急等特殊车辆外，核心区的其他车辆都将在地下通行。地铁M6线工程物资学院站、北关站、新华大街站、玉带河大街站的主体工程也已完成，核心区段隧道盾构实现了全部贯通。

续建项目赵登禹大街、通燕高速辅路改造等工程完工。2013年，围绕3平方公里的核心区起步区建设，通州又全面启动了新华大街、新华北路、故城东路、玉带河东街等道路及市政管网的升级改造，此举将进一步提高区域通行能力、提升和完善城市地下管网，为区域内的重点项目建设提供基础设施保障。

2013年，核心区基础设施开工项目15项，续建项目19项。2013年底，永顺东街、北运河桥等6项工程开工，核心区的基础设施和社会公共服务设施累计开工项目达到43项，占全部61项工程的70%，总量超过三分之二。

核心区重点组团建设梯次推进 随着基础设施建设的顺利推进，核心区的重点组团建设也梯次推进，部分建筑实现竣工。其中，富华水乡区南区一期全部竣工，二期、三期部分结构封顶，北区已开工建设，2014年底全面完工。北苑万达广场项目正在进行主体结构施工，2014年10月试营业。彩虹之门项目完成施工场地平整，即将进行土方施工和工程试桩。华业综合体项目完成桩基施工。珠江河畔项目正在加快推进基础施工。通州运河一号项目正在进行东城墙遗址文物保护施工等前期工作。京杭广场项目正在进行结构施工，部分建筑完成主体结构。

二、高端产业功能区规划

2013年，中关村国家自主创新示范区、金融街、北京商务中心区、北京经济技术开发区、临空经济区、奥林匹克中心区六大产业功能区继续发挥稳定北京经济增速的支撑作用，六大功能区增加值在北京市经济中的比重提高到44%左右，同比增长保持在20%左右。高技术制造业、现代制造业增加值分别增长14.2%和22.9%；收入利润率分别为7.2%和7.6%，高于北京市0.1个和0.2个百分点。从高端服务业发展情况看，得益于国家鼓励信息消费和电信业3G、4G业务的蓬勃兴起，以及北京发展信息产业得天独厚的优势，信息服务业收入利润率遥遥领先于其他行业。

中关村2013年1至11月规模以上法人单位实现利润1683.3亿元，增长34.6%，较上年同期提高11.9个百分点；北京经济技术丌发区实现利润242.9亿元，由上年同期的下降31.9%转为增长42.9%；北京商务中心区实现利润555.5亿元，增长48.2%，较上年同期提高36.3个百分点（图2-1和图2-2）。[17]

图2-1　2013年1—11月“六高”规模以上法人单位个数及其占北京市比重

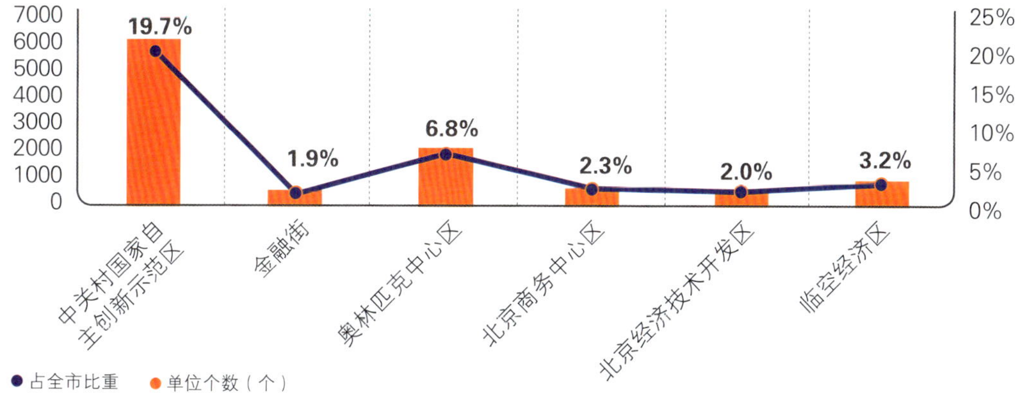

7000
6000
5000
4000
3000
2000
1000
0
25%
20%
15%
10%
5%
0%
19.7%
1.9%
6.8%
2.3%
2.0%
3.2%
中关村国家自主创新示范区
金融街
奥林匹克中心区
北京商务中心区
北京经济技术开发区
临空经济区
占全市比重
单位个数（个）

资料来源：首都之窗.http://www.beijing.gov.cn/zfzx/qxrd/cyq/t1265762.htm

图2-2　2013年1—11月“六高”规模以上法人单位收入及其占北京市比重

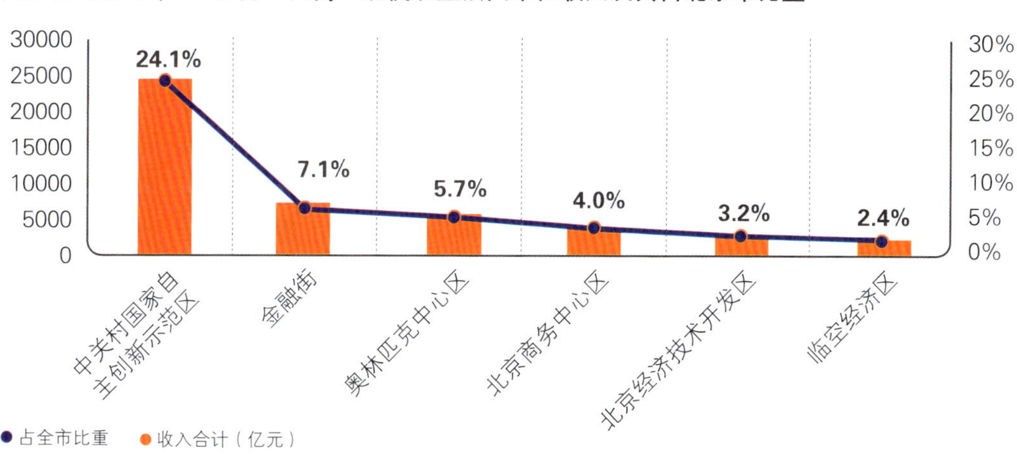

30000
25000
20000
15000
10000
5000
0
30%
25%
20%
15%
10%
5%
0%
24.1%
7.1%
5.7%
4.0%
3.2%
2.4%
中关村国家自主创新示范区
金融街
奥林匹克中心区
北京商务中心区
北京经济技术开发区
临空经济区
占全市比重
收入合计（亿元）

资料来源：首都之窗.http://www.beijing.gov.cn/zfzx/qxrd/cyq/t1265762.htm

2013年1至11月金融街规模以上法人单位实现利润2828.6亿元，增长4%，较上年同期回落46.2个百分点。奥林匹克中心区经济发展低位运行，文体娱乐业增势好但总量仍然偏小。临空经济区经济增长持续放缓，实现利润268.2亿元，虽由上年同期下降25.3%转为增长17%，但全年总体呈逐步回落态势。[17]

[17] 六大高端功能区2013年收入增两成.北京日报.2014-04-09. http://www.bjhd.gov.cn/ggfw/ldjy/zxdt/201404/t20140409_606136.htm

（一）中关村国家自主创新示范区

2013年，中关村国家自主创新示范区深入实施“641”战略性新兴产业集群创新引领工程，强化科技体制机制创新和政策突破，推进创新发展取得新成效，高新技术产业总收入突破3万亿元大关，同比增长20%以上，为首都调结构、转方式和全国创新发展发挥了重要的示范引领作用。2013年9月，中央政治局第九次集体学习活动选择在中关村举行。习近平总书记讲话时强调，中关村已成为我国创新发展的一面旗帜，要加大实施创新驱动发展战略力度，加快向具有全球影响力的科技创新中心进军，为全国实施创新驱动发展战略发挥更好示范引领作用。

链接 10 “641”工程

“641”是《中关村战略性新兴产业集群创新引领工程（2013—2015年）》的缩写，该工程于2012年12月21日由中关村示范区领导小组第十五次会议审议通过。具体是指：加快下一代互联网、移动互联网和新一代移动通信、卫星应用、生物和健康、节能环保、轨道交通6大优势产业集群引领发展，推动集成电路、新材料、高端装备与通用航空、新能源和新能源汽车4大潜力产业集群跨越发展，促进现代服务业集群高端发展，形成“641”的产业集群发展格局。

2013年末中关村国家自主创新示范区投产开业企业17982个，比上年末增加3053个。全年实现总收入30353.5亿元，比上年增长21.3%，其中实现技术收入3865.6亿元，增长13.6%；实现新产品销售收入3893.2亿元，增长16.1%。全年出口总额292.5亿美元，增长11.7%。利润总额2227.1亿元，增长24.5%。[18]

1.改革创新迈出坚实步伐

2013年“新四条”政策经国务院批复实施，“1+6”部分政策获批延长适用期限，“高校十条”、小微企业信贷风险补偿资金等一批市级层面创新政策文件出台，跨部门跨层级的央地、军地协同创新组织模式和促进科技创新及成果产业化的政策体系建设取得新突破，创业生态系统进一步优化完善。

中关村现代服务业综合试点累计支持128个项目，带动总投资137亿元；推出扶持创业活动新举措，印发实施创新型孵化器发展规划，培育车库咖啡、创客空间等17家创新型孵化器，成功组织首届“中关村-硅谷创新创业大赛”，培育“金种子企业”195家，中关村创业投资案例和金额占全国三分之一。[19]

[18] 北京市统计局，国家统计局北京调查总队．北京市2013年国民经济和社会发展统计公报．2014-02-13. http://bjrb.bjd.com.cn/html/2014-02/13/content_150551.htm

[19] 中关村科技园区：中关村国家自主创新示范区建设情况．科技部．2014-01-08. http://www.most.gov.cn/ztzl/qgkjgzhy/2014/2014jlcl/201401/t20140108_111443.htm

2.自主创新能力明显提升

中关村示范区企业科技创新活跃，创新驱动经济发展效果明显。2013年中关村示范区实现技术收入和新产品销售收入3865.6亿元和3893.2亿元，同比增长13.6%和16.1%。

加快建设人才特区 2013年中关村示范区落实13项特殊政策，健全人才培训体系，建设高端人才创业基地，不断增强10个海外联络处对人才的吸附效应。2013年，中关村示范区共有科技人员46.1万人，同比增长14.7%；示范区大学本科及以上学历从业人员约87万人；入选“千人计划”703人，占全国的21%。[20]

全面建设国家科技金融创新中心 2013年中关村示范区实施科技金融“伙伴工程”和“展翼计划”，成立全国首家互联网金融行业组织，出台支持互联网金融政策措施，新增

[20] 2013年1–12月中关村示范区规模以上高新技术企业主要经济指标．中关村国家自主示范区网站. http://www.zgc.gov.cn/tjxx/kbsj/94083.htm

“新三板”挂牌企业53家、总计252家，上市公司总数达229家，在创业板形成了“中关村板块”。

创新效率大幅提升 在电子信息、生物和健康、卫星应用、高端装备和通用航空等技术领域，涌现出大批前沿重大技术创新成果。成立3年多的小米科技2013年收入突破300亿元，联想公司成为全球第一大PC厂商。

2013年中关村企业申请专利首次突破3万件，达到3.5万件，同比增长24.3%；获得授权专利达到2万件，同比增长29.9%。2013年中关村创办科技型企业6000家左右，高新技术产业总收入突破30000亿大关，同比增长超过20%。现代服务业年收入占中关村总收入的2/3以上。

推动中关村军民融合科技创新示范基地建设 2013年8月，北京市政府特制定《建设中关村军民融合科技创新示范基地行动计划（2013—2015年）》，以探寻军民融合科技创新的体制机制、路径和模式。该计划重点工作是：①建设军民融合创新发展集聚区和特色园区，构建布局合理、多园发展、各具特色、整体协同的高效发展格局。②加强军地科技资源统筹和机制创新，推进科技成果、科研条件、科技人才和信息等要素的融合共享。③加强需求引导，推动军民两用技术研发和技术成果双向转化及应用推广。④推进军民融合科技创新政策和服务体系建设，为创新驱动发展提供有力保障。

3.优化空间规模和产业布局

2013年中关村示范区贯彻落实国务院批复的示范区空间规模和布局调整方案以及市委市政府的实施意见，完成示范区落桩定界、分园授牌、政策宣讲等工作，健全分园管理机构，完善一区十六园工作体系。完成“641”产业中重点产业联盟、重点企业和产业基地情况梳理工作，发掘“下一代精确定位于无线通信系统‘智慧线’”、“石墨烯产业化”等15个重大前沿项目，储备一批战略性新兴产业项目。6大优势产业和4大潜力产业同比增长25%以上。发挥“两城两带”带动作用，中关村科学城有44个项目启动规划建设，第四批项目整体打包纳入市绿色审批通道；未来科技城一期10平方公里的主体工程基本完工，正加快筹建二期工程的北扩工作，参建央企15家；北部产业带总收入预计1.5万亿元、同比增长20%，南部产业带总收入预计7800亿元、同比增长27%。[21]

4.加快国际化发展步伐

2013年中关村示范区实施高端链接战略，落实国际化发展专项资金，举办“科技创新与产业革命”中关村论坛年会，成功申办2015年世界科技园协会（IASP）年会。拓展国际化发展渠道，分别与芬兰、以色列共建芬华创新北京中心和中以创新合作转移中心，与中关村建立合作关系的国际创新区域达20个。支持企业在境外建立研发机构、合资公司、

[21] 2014年北京市政府工作报告．首都之窗．
http://zhengwu.beijing.gov.cn/zwzt/2014gzbg/default.htm

企业孵化器，百度公司设立了“硅谷深度学习研究院”，昭衍公司建设了“美国昭衍创新园”，中关村发展集团在加拿大渥太华设立了国际孵化中心。整合利用全球创新资源，出台中关村国际化发展行动计划，绘制全球领先技术团队分布图。示范区聚集留学归国人员1.7万人，外资企业2000家，外资研发机构260个；企业累计在境外设立分支机构457家，83家企业境外上市，占示范区上市企业总数的36%。

5.发挥示范引领和辐射带动作用

2013年，中关村示范区推动“1+6”试点政策在全国扩大实施范围，开创区域创新合作新局面，与河北唐山、山西太原、浙江衢州等21个地区建立战略合作关系；主动与天津、河北合作接洽，建立了天津滨海中关村科技园、中关村海淀园秦皇岛分园，支持成立了中关村—滨海新区大数据产业技术创新联盟。

（二）北京商务中心区（CBD）

北京CBD获得总部经济集聚区和商务服务业集聚区两项认定 2013年6月1日，在第二届京交会“北京主题日”上，北京市对总部经济集聚区和商务服务业集聚区进行了认定授牌。北京CBD获得北京市总部经济集聚区和商务服务业集聚区两项认定。北京CBD已经形成了以总部经济为特征、以国际金融业为龙头、现代服务业为主导、文化传媒聚集发展的产业格局，第三产业增加值比重达到世界城市功能区水平。北京CBD将继续朝着国际化资源高度聚集、总部经济发达、规划建设达到世界先进水平、具有国际影响力的商务中心区迈进，在北京市总部经济发展中将发挥更大的引领和示范作用。

CBD核心区正在实现北京的新高度 市规划委2013年9月11日发布信息，CBD核心区项目已经进入全面实施阶段，19栋摩天大楼将拔地而起，成为CBD区域的标志性建筑群。CBD核心区项目共有19座高层建筑，其中有5栋高楼的设计方案已确定，2栋高楼已开工建设。规划信息还显示，CBD核心区市政基础设施和配套设施工程已全面开工，总建筑规模52万平方米，将与各地块、地铁、公交实现无缝衔接。[22] 截至2013年底，已有包括中信集团、三星电子、民生银行、中国国际期货等41家金融和总部企业签约并即将入驻。CBD东区各项工作也正在稳步推进中，开发建设完成时，CBD建筑总量将达到近2000万平方米。新的空间放量，已吸引了不少跨国公司前来洽商新的投资，进一步增强了区域投资热度。

经过5—8年的建设，CBD核心区将另有十几栋超高品质的商务楼宇矗立起来，成为首都地标性建筑群。未来的地标建筑“中国樽”已开工建设，可施工区域年底结构封顶。该建筑总高528米，预计总投资达240亿元，建成后将取代国贸三期成为京城第一高楼，集甲

[22] 朝阳CBD核心区项目全面实施5栋高楼完成设计2栋已开工．首都之窗．2013-09-12．http://zhengwu.beijing.gov.cn/zdly/t1324586.htm

级写字楼、会议、商业、观光以及多种配套服务功能于一体，将吸引国际金融机构、世界500强企业进驻。

北京CBD共聚集企业33000多家，其中世界500强企业近200家。2013年北京CBD新增三家跨国公司地区总部，跨国公司地区总部数量达到70余家，占北京市的70%左右。[23]

（三）北京经济技术开发区（亦庄开发区）

北京经济技术开发区投产开业企业4175个，比上年末增加1189个。全年实现总收入4604.5亿元，比上年增长4%；实现利润总额243.6亿元，增长11.6%。

亦庄建成“云链”领跑全国 备受关注的“中国云核心”的聚变效应正逐渐凸显，截至2013年12月，在开发区落地的云计算项目投资额已超过200亿元，已汇集了以北京云基地、百度、KDDJ等为代表的近百家云计算相关企业，形成了涵盖云计算软硬件、云计算基础设施、云计算平台、云计算应用支持服务等主要环节的云计算产业链，成为全国领先的云计算全产业链基地。[24]

科技型中小企业成为北京亦庄发展生力军 截至2013年9月，北京经济技术开发区已聚集了国家级高新技术企业344家，国家级、市级研发中心超过160余家，万人发明专利拥有量181项，高新技术产业产值占工业总产值比重达96%以上，多年来一直雄踞国内领先水平。德勤华永会计师事务所2013年9月5日发布的“德勤亦庄高科技高成长20强（2013）”入选企业的产业分布和科技情况表明，电子信息、装备制造、生物医药、科技创新服务业的企业入选率分别达到30%、30%、25%和15%，入选的企业绝大多数为非上市民营科技公司。这说明北京亦庄主导产业地位突出，开发区民营中小型科技企业的增长势头迅猛。开发区对这些技术水平高、发展潜力大的科技型中小企业的大力扶植，目的是为了协助其持续健康发展，更好地与国内外资本市场对接，提升品牌影响力和国际化程度；使其获得更多的社会资源，提升企业核心竞争力，打造“亦庄创造”品牌。[25]

（四）空港经济开发区

空港经济开发区已发展成为首都临空经济的重要增长极，在园区经济总量、临空产业集群、高新技术企业等方面名列前茅。其运营的北京天竺空港经济开发区B区小企业创业基地立足中小企业成长的定位，根据中小企业发展情况提供工商注册、政策落实、知识产权、人才培养、金融扶助、物业维修等专业服务，为中小企业尤其是初创企业的生存与发

[23] 北京CBD年增企业2700余家．中国新闻网．2013-11-18.
http://finance.chinanews.com/cj/2013/11-18/5516677.shtml
[24] 北京亦庄云计算项目投资额超200亿建成完整"云链". 国际在线．2013-12-11.
http://gb.cri.cn/43871/2013/12/11/5631s4353711.htm
[25] 科技型中小企业成为北京亦庄发展生力军．千龙网．2013-09-05.
http://www.qianlong.com/

展提供最广泛的空间。2013年10月，空港经济开发区获“第二批北京市小企业创业基地”荣誉。

三、专项规划

2013年北京相继完成新机场建设规划、节能环保产业发展规划以及市级绿道建设总体方案等专项规划，保证各项建设有序进行。

（一）新机场规划

链接 11　首都国际机场2013年航空交通流量

2013年北京首都机场全年飞机起降架次达到567759架次，旅客吞吐量达到83712355人次，货邮吞吐量达到1843681吨。根据国际机场协会的初步统计排名，2013年北京首都机场的旅客吞吐量继续位居全球第二位，飞机起降架次及货物吞吐量分别位居第六位和第十三位。

首都第二机场建设项目已于2012年12月22日获国务院批准，2013年新机场规划方案公布。新机场定位大型枢纽国际性机场，占地23210亩，选址地点位于北京市大兴区和河北省廊坊市的交界地带，大兴区南各庄与廊坊市白家务接壤处。其中航站楼位于大兴区南部的礼贤镇、榆垡镇境内，飞机跑道将延伸至河北省廊坊市。位于大兴区的部分大约占机场总面积的2/3，位于河北省的部分大约占1/3。如此布局协调了各方的利益。

从距离上看，新机场场址距南六环约28公里，距天安门约48公里，距首都机场约68公里；西距天津市中心约74公里。它与京津冀都市圈中河北各城市距离为：廊坊市24公里、保定市86公里、石家庄市225公里、张家口市199公里、沧州市131公里、唐山市151公里、承德市218公里、秦皇岛市276公里。[26]

链接 12　首都第二机场

首都第二机场也称首都新机场，被定位为“综合性超大型机场”。首都第二机场建成后，将以服务北京为主，同时考虑京津冀经济走廊和城市密集带的发展，与首都机场分工协作，形成对细分市场的全面覆盖，构建功能互补、协调联动的双枢纽模式的北京多机场系统。

首都第二机场的概念最早在2006年提出，2011年正式确定在大兴启动。新机场规划至2025年总投资约790亿元人民币，加上外围市政保障工程等相关投资超过2000亿元，预计2018年建成并投入使用。

2013年启动了新机场建设局部建设和拆迁工作，2014年全面开工建设，到2018年新机场具备使用条件，投入使用后将达到年4500万人次的吞吐量。此外，2013年完成了新机场的供电、供暖、供水以及垃圾处理等附属的配套设施规划。结合新机场的建设，在新机场周边将同步规划300平方公里的新航城，2013年围绕城乡统筹发展、交通承载能力、城市概念性规划、生态系统等11个专题进行研究，初步明确了新航城地区的发展战略。[27]

（二）北京市节能环保产业发展规划

北京市发改委、市科委、市经信委等部门于2013年8月14日联合发布了《北京市战略性新兴产业专项规划之节能环保产业发展规划（2013—2015）》。北京作为科技、资本、人才等高端要素集聚中心，具有培育发展节能环保产业的综合优势；加快发展节能环保产业，不仅是推动产业结构深度调整的重要内容，也是促进节能减排目标实现和推动“绿色北京”建设的重要基础。

[26] 北京大兴区首都新机场最新信息汇总全攻略．北京旅游网．2014-02-19. http://www.visitbeijing.com.cn/transport/tips/n214966070.shtml?&from=androidqq&uin=2283485714&originuin=256285767

[27] 北京拟840亿元建新航城与新机场规划同步实施．中国新闻网．2013-03-19. http://finance.chinanews.com/cj/2013/03-19/4656680.shtml

链接 13　节能环保产业

节能环保产业是指为节约能源资源、发展循环经济、保护生态环境提供技术、装备和服务保障的产业，主要包括节能装备产品、环保装备产品、资源循环利用、节能服务和环保服务等领域。

节能环保产业具有公益性强、产业面广、产业链长、产业关联度大、工程化应用特点突出、吸纳就业能力强等特点，对经济增长有明显拉动作用，是国家加快培育发展的七个战略性新兴产业之一。

按照这一规划，到2015年，北京节能环保产业总产值将达到5000亿元，占全国节能环保产业总产值的10%以上，增加值占北京市GDP的比重达到4%左右。其中，节能行业年产值达到2000亿元，环保行业产值达到2500亿元，资源综合利用行业产值达到200亿元，其他综合性行业产值约300亿元。到2015年，北京将培育十家产值过百亿、具有国际竞争力的知名环保企业集团，培育百家产值过十亿、国内市场领先的节能龙头企业，形成一批具有核心技术优势、知识和能力突出的中小企业；同时，形成一批拥有自主知识产权和自主品牌、具有核心竞争力的节能环保装备和产品，核心技术和产品引领国内行业标准。

规划强调，北京将以加强PM2.5综合防治工作为契机，探索产业化的新兴服务模式，重点加强脱硫脱硝、汽车尾气治理、生态修复、雨洪利用等领域的专业环境工程服务能力；大力开展大气污染防治领域技术产品的研发制造，开展有机废气治理技术和装备研发，推进采暖燃煤锅炉脱硝、汽车尾气治理、餐饮油烟治理等先进技术研发和设备制造。

（三）北京市级绿道建设总体方案

2013年7月30日，北京市发展与改革委员会正式发布了《北京市级绿道建设总体方案（2013—2017年）》。北京将逐步建成市、区、社区三级绿道体系；未来五年内，投资30多亿元，建设1000多公里、总体布局“三环、三翼、多廊”的市级绿道，覆盖北京16个区县，贯通11个新城，串联200多处公园、风景名胜区、历史文化遗迹。

市级绿道建成后，将示范带动1000公里以上的区县和社区绿道建设，可同时满足100万人休闲健身需求。北京市级绿道建设可增加绿道管护及相关服务就业岗位，带动都市农业、民俗旅游、文化旅游、沟域经济发展。

表2-1　北京市战略性新兴产业专项规划之节能环保产业发展规划(2013—2015)的主要内容

主要内容	具体内容
重点领域	加快培育壮大高效节能行业 着力提升发展先进环保行业 适宜发展资源综合利用行业
主要任务	激发节能环保市场需求 完善产业技术创新体系 提升产业发展组织效能 优化产业发展空间布局 支持企业对外辐射发展
重点工程	重大节能技术和装备产业化工程 半导体照明产业化及应用工程 “城市矿产”基地建设工程 大气污染防治技术及装备产品产业化工程 污水处理技术及装备产品产业化工程 生态修复技术应用示范和产业化工程 节能环保领域智慧管理系统建设与产业化工程 节能环保服务业培育工程
保障措施	健全统筹推进机制 完善发展政策引导 优化产业投融资机制 加快产业人才培养引进

2013年，北京市启动了二环路滨水绿道、海淀三山五园绿道、六里桥至园博园绿道、温榆河滨水绿道、东郊森林公园绿道等示范工程建设，总长度约175公里。在试点项目的示范带动下，西城、通州、平谷等区县也开始启动绿道建设工作，顺义、丰台等区已完成了区级绿道系统规划的编制。[28]

链接 14　绿道

广义上讲，“绿道”是指用来连接的各种线型开敞空间的总称。它是连接公园、自然保护地、名胜区、历史古迹以及其他高密度聚居区的开敞空间纽带。

绿道在各国城市建设中发挥着不同的作用。德国鲁尔区将绿道建设与工业区改造相结合，在改善人民生活质量的同时，也提升了周边土地的价值。美国东海岸绿道全长约4500公里，是全美首条集休闲娱乐、户外活动和文化遗产旅游于一体的绿道，全部

[28] 北京拟840亿元建新航城与新机场规划同步实施．中国新闻网．2013-03-19. http://finance.chinanews.com/cj/2013/03-19/4656680.shtml

建成后可为沿途各州带来约166亿美元的旅游收入，为超过3800万居民带来了巨大的社会、经济和生态效益。新加坡于1991年开始建设一个串联全国的绿地和水体的绿地网络，通畅的、无缝连接的绿道为生活在高密度建成区的人们，提供了足够的户外休闲娱乐和交往空间，为多民族社会的和谐融合创造了物质基础。中国将绿道思想引入到文化遗产的保护当中，形成遗产廊道、文化线路、遗产运河等线性的概念，对于中国文化遗产的保护具有重要的意义。

City Construction
城市建设

2013年，北京市继续把关乎城市正常运行的交通建设和关乎民生实惠的民生保障项目建设放在城市建设头等重要的位置。房地产开发在新出台的政策的调控下发展。第二阶段“城南行动”计划开始实施，标志着新一轮促进城南加快发展的步伐正式启动。

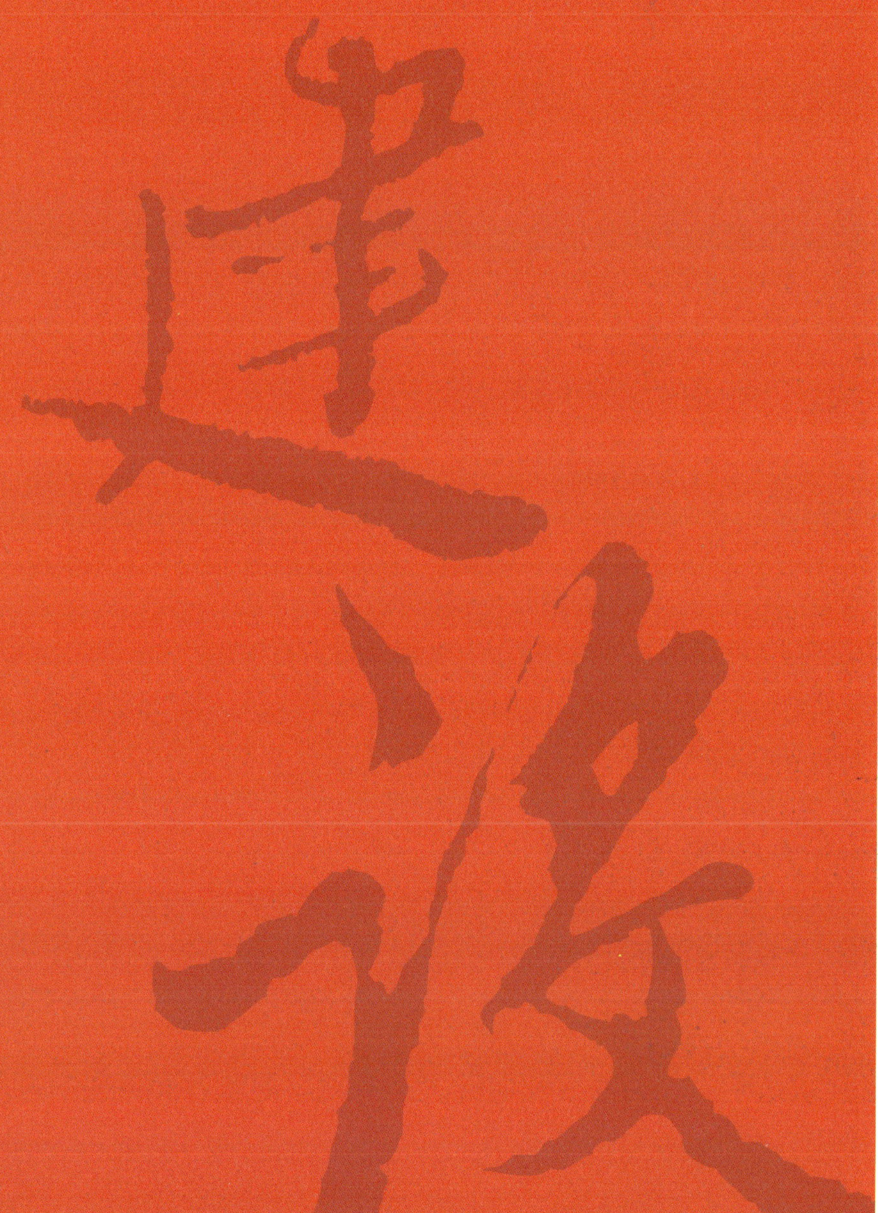

一、交通建设

2013年，北京市交通领域固定资产投资完成710亿元。全年客运量达93亿人次，同比增长5.7%；营业性货物运输量2.6亿吨，同比增长3.7%。坚持公交优先发展战略，大力发展袖珍公交、定制商务班车等公交个性化服务，开行45条定制公交商务班车，提升公共交通品质。公共交通出行比例从44%增至46%，中心城交通指数5.5，北京步入公共交通主导城市交通的时代。交通运行总体安全平稳。[29] 这些交通建设项目的投资和实施对于完善城市交通体系、缓解城区交通拥堵、方便百姓出行等方面都具有重要意义。

（一）城市道路建设

2013年全年完成一般公路新改建工程14项，完成道路微循环改造和疏堵工程139项，并开通92条商务班车和袖珍公交线路。[30] 年末北京市公路里程21614公里，比上年末增加122公里；其中，高速公路里程923公里，与上年持平。城市道路里程6346公里，比上年末增加75公里，公路路网系统进一步完善。2013年共开展一般公路前期研究125项，重点推进111国道、107国道、104国道方案研究和初步设计工作。 路政局下大力气清理12项多年未完工工程项目，通香路、沙阳路等7项工程相继完工。

链接 15　袖珍公交

“袖珍公交”亦称微循环公交，是指打通公交微循环，解决居民最后一公里出行难的线路较短的一种公交。“袖珍公交”的特点是路程短、站点少、速度快、客流相对集中。

围绕亚太经合组织峰会、世界园艺博览会等重大活动及高端制造业基地等产业功能区的交通需要，房窑路、鲁坨路二期等重点工程前期工作提上日程，鲁坨路一期建成通车。同时，积极推动承平高速、密涿高速、兴延路等工程前期研究，启动了京津冀一体化涉及公路项目的前期研究工作，就跨省通道线位和技术等级进行对接。建成园博园周边的梅市口路西延、大灰厂东路、京周公路新线、莲石路立交，基本建成广渠路二期（四环至五环

[29] 民生为本 北京步入公共交通主导城市交通的时代．交通部网站．2014-03-03. http://www.bjjtw.gov.cn/gzdt/ywsds/201401/t20140124_84195.htm
[30] 北京今年拟实施120项疏堵工程．中国新闻网．2014-01-15. http://news.xinhuanet.com/local/2014-01/15/c_118985919.htm

段）、京新高速、京良路房山段。广渠路四环至五环段基本建成通车，京新高速五环至六环段、京良路房山段主体工程完工，京昆高速北京段完成总合同额的63%，110国道二期启动招标前期准备工作。市、区共同完成疏堵工程230项，畅通微循环道路58公里；推行城市道路“巡养一体化”，建立24小时病害处理机制，及时修复道路病害，加强占掘路管理，私占私掘同比减少20%。[31]

链接 16　道路“巡养一体化”

道路“巡养一体化”是指路政巡查与养护巡查“一体化”的管理模式，其特点是“统一领导、分工协作、科学管理”，通过资源整合，实现集约管理，达到养护与路政管理工作的互动双赢—路政人员通过日常巡查、执法检查，及时将国省干线路面、路肩、桥涵损坏和公路标志、标线、警示柱、百米桩等附属设施缺失情况反馈给养护人员，确保在第一时间消除安全隐患；养护人员通过公路养护巡查，及时将破坏路产路权的各种违法行为告知路政人员，并协助执法人员保护违法现场，提高路政办案效率。

表3–1　2013年1—12月运输邮电业主要业务量指标

2013年1—12月					
项　目	计量单位	2013年12月	同比增长	2013年1—12月	同比增长
旅客运输总量	万人	13473.3	2.0%	151361.1	1.6%
公路	万人	11921.1	0.4%	132785.6	0.3%
铁路(旅客发送量)	万人	997.1	21.6%	11587.5	12.3%
航空	万人	555.1	6.2%	6988.0	9.4%
旅客周转量	万人公里	1409520.0	6.6%	17207000.7	7.8%
公路	万人公里	246162.3	–0.6%	2990627.2	–1.9%
铁路	万人公里	96074.8	7.5%	1179555.1	1.4%
航空	万人公里	1067282.9	8.3%	13036818.4	11.0%
货物运输总量	万吨	1683.8	0.3%	27103.7	3.1%
公路	万吨	1572.6	0.4%	25889.6	3.9%
铁路(货物发送量)	万吨	98.8	–1.4%	1078.4	–12.5%
航空	万吨	12.4	0.4%	135.7	1.2%
货物周转量	万吨公里	433082.5	7.3%	5191832.4	4.6%
公路	万吨公里	92505.6	4.6%	1467947.0	5.0%
铁路	万吨公里	297936.1	10.0%	3231824.4	5.1%
航空	万吨公里	42640.8	–3.5%	492061.0	0.5%

资料来源：北京市2013年国民经济和社会发展统计公报

[31] 民生为本 北京步入公共交通主导城市交通的时代．北京市交通委员会网站．2014–03–03. http://roll.sohu.com/20140303/n395949524.shtml

（二）轨道交通建设

2013年末北京市轨道交通运营线路17条，比上年末增加1条；运营线路长度465公里，比上年末增加23公里；运营车辆3853辆，比上年末增加168辆；全年客运总量32.1亿人次，比上年增长30.5%。2013年建成8号线二期南段（鼓楼大街站至南锣鼓巷站）、10号线二期（西局站至首经贸站）、昌平线与8号线联络线、14号线西段（西局站至张郭庄站）4条轨道新线，轨道交通运营总里程达到465公里，最高日客运量突破1100万人次。轨道交通网络初步形成。[32]

8号线二期工程全长15.8千米，于2007年12月开工。二期工程以奥运支线为界分成南北两段。它连接回龙观和西三旗等居住区和后海、钟鼓楼、奥林匹克公园等商业休闲区，成为北京中轴线下的轨道交通动脉。在8号线和6号线的交汇站南锣鼓巷站，乘客单方向同台“转身”换乘，步行距离只有100米。

10号线二期全长32.5公里，与10号线一期形成北京第二条地铁环线。劲松站至首经贸站、西局站至巴沟站，全长30.48公里，与一期实现“C”形运营。2013年5月，10号线全线

[32] 北京步入公共交通时代．中国交通报．2014-03-04. http://www.moc.gov.cn/zizhan/siju/daoluyunshusi/hangyedongtai/201403/t20140304_1587193.html

贯通运营，北京“地铁二环”得以实现。

地铁昌平线与8号线之间的联络线“昌八线”在2013年底通车试运营，缓解了西二旗站的换乘压力。昌八线于2011年4月份动工，是北京市第一条用于连接两条已运营地铁线路的轨道交通新线。线路全长6.3公里，增设育知路站、平西府站两座地下车站，平均站间距2公里。[33]

地铁14号线于2013年8月实现洞通，2013年底轨道铺通，预计2014年底全线建成通车。其西段先期开通的部分，于2013年3月底通车试运营。为配合“园博会”的召开，先期开通张郭庄站至西局站段。该段线路位于14号线的西段，全长近12公里，共设6座车站，其中高架站1座、地面站5座。[34]

（三）公共交通建设

2013年，北京坚持公交优先发展战略，着力于地面公交骨干线路提速扩容，建设由“轨道交通+公交快线”构成的快速、大容量公共交通走廊，构建600公里以上覆盖面广、结构合理的快速公交通勤网络，实现公共交通“大服务”，促进中心城进出小客车数量和中心城内小客车使用量“双减少”，建立以公共交通为导向的城市发展模式。年末北京市公共电汽车运营线路813条，比上年末增加34条；运营线路长度20575公里，比上年末增加1028公里；运营车辆22486辆，比上年末增加340辆；全年客运总量49亿人次，比上年下降4.9%。

2013年北京地面公交与轨道网形成有效衔接，日均运送乘客1320万人次，公共交通出行比例从44%增至46%，北京步入公共交通主导城市交通的时代。2013年，北京开通36条微循环公交线路，大力发展袖珍公交、定制商务班车等公交个性化服务，开行定制公交商务班车45条78班次，乘客中近6成原来是自驾车主；提升公共交通品质，完成26个公交电子站牌建设，推出“北京实时公交”手机软件，提供78条公交线路车辆到站距离和到站时间查询服务。[35]

（四）基本停车位和公共停车设施建设

2013年末北京市机动车拥有量543.7万辆，比上年末增加23.7万辆。民用汽车518.9万辆，增加23.2万辆；其中私人汽车426.5万辆，私人汽车中轿车311万辆，分别增加19万辆和12.8万辆。

[33] 地铁昌平线与8号线之间的联络线“昌八线”2013年年底通车．大兴信息网．2012-03-26. http://www.bda.gov.cn/cms/dxxw/59708.htm
[34] 北京地铁14号线西段张郭庄站至西局站拟提前开通．新华社．2010-08-19. http://cd.qq.com/a/20100819/001096.htm
[35] 2013年北京公共交通出行比例力争达46%．北京市交通委员会网站．2013-01-28. http://zhengwu.beijing.gov.cn/gzdt/bmdt/t1297754.htm

图3-1　2007—2013年年末北京市机动车拥有量

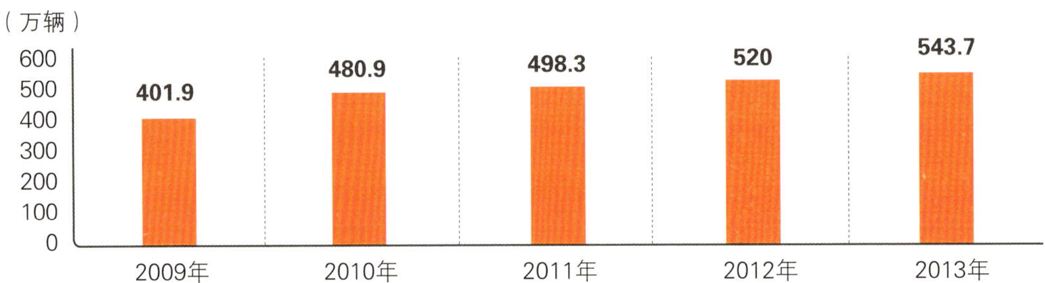

资料来源：北京市2013年国民经济和社会发展统计公报

持续增加停车设施供给　五环路内居住区挖潜增加2万个停车位、错时开放1.2万个停车位；西城、朝阳、海淀等区试点开展社区停车自治工作。中心城增一批停车设施，加快居住区停车设施建设，完善区级配套资金标准，在城六区新建4万多个居住区停车位；加快五棵松、南锣鼓巷、动物园等停车楼建设，探索建设管理一体化模式。以核心区为试点，在居住区周边增加施划夜间临时占道停车位，满足居民夜间驻车需求。在四环路外轨道交通站点和放射线公交专用道远端增设驻车换乘停车位2000个，利用人防工程新增地下停车位1.8万个。

创新停车管理模式　建立“一位一编号”的停车管理动态数据库，初步构建城六区停车网格化管理框架。推广停车自治管理模式。规范占道停车经营管理，完善准入退出机制，严格执行停车收费“五统一”管理制度，拓展停车电子收费和动态信息发布等服务功能。强化属地管理，成立属地联合执法队伍，选择重点网格实施区域停车秩序规范管理试点，建成一批停车示范街区，发挥典型示范作用。[36]

二、房地产开发

（一）商品房开发建设

房地产开发投资　2013年完成房地产开发投资3483.4亿元，比上年增长10.5%。其中住宅投资1724.6亿元，增长5.9%；写字楼投资611.7亿元，增长59%；商业、非公益用房及其他

[36] 北京步入公共交通时代．中国交通报．2014-03-04. http://www.moc.gov.cn/zizhan/siju/daoluyunshusi/hangyedongtai/201403/t20140304_1587193.html

投资1147.1亿元，增长0.6%。

房地产开发供给 2013年，北京市房地产施工面积为13886.9万平方米，比上年增长5.8%。其中，住宅施工面积为7406.9.4万平方米，下降1.4%；写字楼为2114.1万平方米，增长23.5%；商业及服务业等经营性用房为4365.9.9万平方米，增长11.9%（表3-2）。

表3-2 2013年北京市房地产开发与销售情况 单位：万平方米

项目	2013年1—12月合计	同比增长(%)	按用途分					
			住宅	同比增长(%)	写字楼(办公楼)	同比增长(%)	商业、非公益用房及其他	同比增长(%)
施工面积	13886.9	5.8	7406.9	−1.4	2114.1	23.5	4365.9	11.9
其中：新开工	3577.5	11	1736.5	6.7	671.4	25.1	1169.6	10.4
竣工面积	2666.4	11.5	1692	11.1	273.1	20.4	701.3	9.3
销售面积	1903.1	−2.1	1363.7	−8.1	317.9	25.4	221.5	7.1
其中：现房销售面积	666.1	31.5	473.8	29.5	51.1	57.7	141.2	30.7
期房销售面积	1237	−13.9	889.9	−20.4	266.8	20.7	80.3	−18.7
待售面积	1861.4	−2.6	829.3	5	180.1	−9.1	852	−7.8
其中：一年之内	922.3	−3.8	399.2	−13.7	84.1	−11	439	9.3
三年之内	337.7	9.3	109.6	13.7	38.5	20.7	189.6	4.9

资料来源：北京统计信息网．2013年北京市房地产市场运行情况

2013年，北京市商品房新开工面积为3577.5万平方米，比上年增长11.0%。其中，住宅新开工面积为1736.5万平方米，增长6.7%；写字楼为671.4万平方米，增长25.1%；商业及服务业等经营性用房为1169.6万平方米，增长10.4%。

2013年，北京市商品房竣工面积为2666.4万平方米，比上年增长11.5%。其中，住宅竣工面积为1692万平方米，增长11.1%；写字楼为273.1万平方米，增长20.4%；商业及服务业等经营性用房为701.3万平方米，增长9.3%。[37]

房地产市场销售 2013年，北京市商品房销售面积为1903.1万平方米，比上年下降2.1%。其中，住宅销售面积为1363.7万平方米，下降8.1%；写字楼为317.9万平方米，增长25.4%；商业及服务业等经营性用房为221.5万平方米，增长7.1%。

[37] 2013年北京市房地产市场运行情况．北京统计信息网．http://www.bjstats.gov.cn/sjjd/jjxs/201401/t20140123_266765.htm

保障性住房建设 2013年，北京市保障性住房完成投资729.7亿元，比上年下降14.9%。截至12月末，北京市保障性住房施工面积为4857.1万平方米，增长0.7%；新开工面积为964.9万平方米，下降13.3%；竣工面积为1079.2万平方米，增长43.4%。[38]

（二）房地产市场调控政策

出台新的调控政策 2013年3月，北京市人民政府办公厅颁布“贯彻落实《国务院办公厅关于继续做好房地产市场调控工作的通知》精神进一步做好本市房地产市场调控工作的通知”，把房价控制目标确定为“北京市新建商品住房价格与2012年价格相比保持稳定，进一步降低自住型、改善型商品住房的价格，逐步将其纳入限价房序列管理”。

住房资源配置不断优化 北京市在前三季度出让住房用地同比增加1.3倍的基础上，重点通过“限房价、竞地价”的方式，加快自住型商品住房用地供应，着力满足需求最旺盛的刚性自住型、改善型需求和夹心层家庭需求。2013年北京市新建收购保障性住房16.2万套，竣工8.5万套，配租配售4.7万套。[39]

链接 17　自住型商品住房

为进一步完善住房供应结构，支持居民自住型、改善型住房需求，稳定市场预期，促进长效机制建设，2013年北京市按照“低端有保障、中端有政策、高端有控制”的总体思路，提出建设中低价位自住型改善型商品住房（以下简称“自住型商品住房”）的任务。

北京市住建委2013年10月22日发布，2013年北京计划推出2万套自住型商品房，2014年计划推出5万套左右。此类住房价格比周边商品住房低30%左右，面向北京市符合限购条件的家庭；购买此类住房后五年内不得上市，五年后上市收益的30%上交财政。

北京市政府极为重视自住型商品住房的制度设计，先后于2013年10月出台《关于加快中低价位自住型改善型商品住房建设的意见》，2013年11月发出《北京市人民政府进一步做好本市房地产市场调控工作的通知》，2014年2月出台《北京市自住型商品住房销售管理暂行规定》。

[38] 2013年北京市房地产市场运行情况．北京统计信息网．
http://www.bjstats.gov.cn/sjjd/jjxs/201401/t20140123_266765.htm
[39] 北京市统计局，国家统计局北京调查总队．北京市2013年国民经济和社会发展统计公报．2014-02-13.
http://www.bjstats.gov.cn/xwgb/tjgb/ndgb/201402/t20140213_267744.htm

三、民生保障项目建设

2013年的民生保障项目共确定了37项，包括1项综合整治项目、5项旧城改造及人口疏解项目、3项保障性安居工程、8项医疗卫生项目、12项文化教育项目、8项社会服务项目。[40] 2013年投资80亿元，用于新开工建设的老旧小区抗震加固、节能改造、环境整治。

（一）医疗卫生项目

清华大学天通苑医院一期一、二号楼正进行室内装修，三号楼已完工，完成工程总量84%。[41] 2013年，北京大学第一医院大兴院区、天坛医院迁建工程、垂杨柳医院改扩建工程、北京同仁医院经济技术开发区院区扩建工程、北京回龙观医院门急诊综合楼、北京商务中心区国际医院、通州区新华医院等新项目开工建设。

（二）文化教育项目

北京市中小学改造三年行动计划项目中的城乡中小学建设项目已落实资金56.3亿元，完成工程总量18%；增加幼儿园学位3万个，新增城乡一体化学校30所、学位2.4万个。市属高校三年建设规划项目已完工建筑面积约45万平方米，竣工项目6项，完成工程总量23%。三十五中新址迁建项目完成工程总量65%。

（三）安居与迁移安置工程项目

2013年北京市安排的保障性安居工程3个，分别是保障性住房、棚户区改造、房山山区人口迁移，其中保障性住房投资150亿元，为2013年投资重点。根据区域划分，2013年安排中心城区项目98个，计划投资600亿元；远郊区县项目94个，计划投资约606亿元；跨区域项目48个，计划投资约1064亿元。[42] 均衡布局，强化城市功能提升是2013年项目安排的重要着眼点，市政府投资向郊区和薄弱地区倾斜，安排城南地区政府投资比重不低于40%，西部地区政府投资比重不低于1/3，涵养区政府投资比重不低于20%。

[40] 年底北京住房供应迎来高峰 未来房价逐步趋稳．北京市住房和城乡建设委员会．http://www.bjjs.gov.cn/publish/portal0/tab662/info85355.htm
[41] 前4月本市新开工18项重点工程．北京日报．2013-05-30．http://zhengwu.beijing.gov.cn/zdly/t1311606.htm
[42] 本市2013年投资2270亿元推进240项重点工程．北京日报．2013-02-17．http://www.gov.cn/gzdt/2013-02/17/content_2333045.htm

2013年房山山区人口迁移工程投资18.52亿元，涉及房山区阎村、良乡、青龙湖等乡镇的险村险户搬迁、人口定向安置、配套公建和市政道路建设。2013年山区人口迁移安置工程C区一至十号楼进入地上四层结构施工，完成工程总量20%。项目计划于2015年12月完成。

2013年，门头沟区共开工建设和收购4000套保障房，截至6月7日，所有竣工项目都已经落实到具体的保障房项目上。这4000套保障房，不仅覆盖了正在等待房源的3024户轮候家庭，还考虑到了未来每年新增的500户保障房的申请家庭，提前两年实现了数字上的“全覆盖”。

四、第二阶段“城南行动”计划启动

2013年3月19日，北京市政府正式发布《关于促进城市南部地区加快发展第二阶段行动计划（2013—2015年）》，明确了未来三年城南的发展目标和重点任务，这标志着新一轮促进城南加快发展的步伐正式启动。

第一阶段城南行动计划（2010—2012年）主要围绕基础设施、产业园区、主导产业培育和民生改善四大领域，集中力量实施了163项有利于促进城南地区长远发展的重大项目，完成行动计划项目投资2100亿元，其中市政府投资370亿元，带动全社会完成投资4500亿元。行动计划确定的主要任务圆满完成，初步遏制了城南地区与北京市发展差距扩大的趋势。城南地区发展环境明显改善，城乡面貌焕然一新，高端要素快速涌入，产业业态逐步升级，经济社会发展呈现出速度快、质量高、后劲足的良好势头。

第二阶段城南行动计划（2013—2015年），安排公共服务、基础设施、生态环境、产业发展等4类232项重大项目，其中续建项目94项，新建项目138项。这些项目所涉及的总投资额，约3960亿元，其中2013—2015年计划完成投资2700亿元。这一数据，比第一阶段的城南行动计划增加了28%。[43] 改善民生被放在更为突出的位置，与百姓生活密切相关的基础设施、生态环境以及公共服务等领域的重大项目数量和投资比重均超过7成，分别达到74%和75%。

第二阶段“城南行动”由第一阶段的“政府主导、市场跟进”转变为“市场主导、政府引导”，以功能区建设为重点，由第一阶段的“城南五区一个政策”改为“因地制宜，实行差别化”的政策。第二阶段“城南行动”计划有利于巩固和提升城市南部地区发展成果，全面提升城市南部地区发展水平，对完善首都城市功能，优化城市空间布局，构筑全面协调可持续的区域发展格局具有重要意义。

链接 18　第一阶段城南行动计划（2010—2012年）取得的成效

(一)发展差距逐步缩小。城南地区新增重大产业项目200余项，累计落地投资约1200亿元，经济实力明显提升。

(二)承载能力明显提升。3年来，统筹实施了82项重大交通、水资源和能源项目，显著改变了城南地区基础设施发展滞后的局面。京沪高铁、京石客专建成通车，北京至上海通达时间缩短至5小时内，至石家庄实现1小时通达。地铁亦庄线、大兴线、房山线、9号线、10号线二期等5条线路相继通车，城南地区地铁通车里程从28公里增加到118公里，市民出行条件显著改善，城南地区城市路网结构不断完善。中心城南部地区供热管网完成改造，3座再生水厂改造完成，新增再生水处理能力16万立方米/日；7座集中供热工程和5座高压输变电站建成投入使用，城南地区资源能源保障能力逐步增强。

(三)环境品质大幅提升。3年累计完成生态环境工程31项，大兴、亦庄、房山新城滨河森林公园、南海子郊野公园等4处2.1万亩集中成片森林建成向社会开放，平原造林完成6万亩，公园绿地面积增加32%，生态服务功能不断提高。水环境质量显著改善，永定河城市核心段全部实现生态治理，长沟湿地功能逐步恢复。

(四)公共服务明显改善。民生工程加快建设，中小学校舍安全工程全面完成，良乡高教园区累计开复工面积73万平方米，入住师生2万余名。丰台医院妇幼保健楼、大兴疾控中心及卫生监督所、南苑医院翻扩建、良乡医院门急诊楼、同仁医院亦庄院区改扩建一期相继完成。国家话剧院、良乡体育中心一期、8个重点乡镇文体中心建成使用。南苑棚户区15万平方米安置房交付使用，2000余户家庭如期入住。累计建设、收购保障性住房17.6万套，70余个小区老旧热网、38个老旧小区配电设施完成改造，1.5万户核心区非文保区平房户实现“煤改电”，1.4万户山区居民冬季洗浴、5.6万户矿山居民炊事用能问题得到解决，市民生活条件持续改善。

[43] 北京城南行动新三年 232项期许待实现 . 北京日报 . 2013-03-20. http://news.xinhuanet.com/house/2013-03/20/c_124481086.htm

Ecological Environment Construction

生态建设与环境治理

2013年，北京市围绕环境质量、绿色发展大力推进北京生态环境建设，完成了污染减排年度任务，生态安全保障水平有所提高，环境质量总体保持平稳。但北京仍然面临着空气质量改善、污染减排、防范环境风险等压力，需要动员社会各界力量共同应对生态环境保护和治理难题，积极响应建设美丽北京的倡议。

一、环境质量

（一）大气污染防治

北京市作为重点地区城市之一，于2013年1月1日首批开始实施《环境空气质量标准(GB3095-2012)》(简称AQI标准）。2013年1月1日起，北京市正式开始监测PM2.5，建立了覆盖北京市的空气质量监测网络，实现了空气质量信息多媒体平台实时发布。2013年9月发布实施《北京市2013—2017年清洁空气行动计划》。

重污染天数累计58天 根据AQI标准六个空气质量级别的划分，2013年北京市空气质量一级优41天，占11.2%；二级良135天，占37.0%；三级轻度污染84天，占23.0%；四级中度污染47天，占12.9%；五级重度污染45天，占12.3%；六级严重污染13天，占3.6%。其中，一、二级优良天数累计176天，占全年总天数的48.2%；五、六级重污染天数累计出现58天，占全年总天数的15.9%（图4-1）。[44]

图4-1 2013年北京市空气质量状况

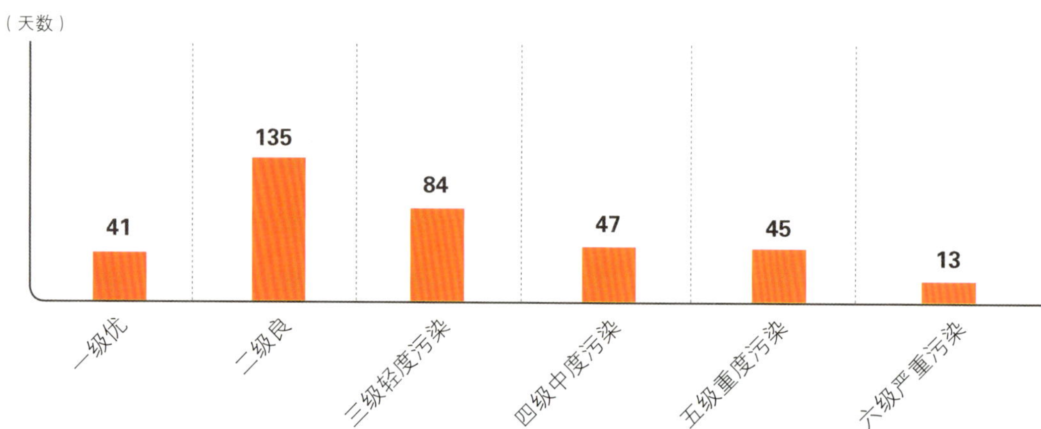

资料来源：北京环保局发布2013全年空气质量状况

PM2.5成为首要污染物 2013年按照新国标要求对6项污染物进行连续监测，在轻度污染以上的超标污染日中，首要污染物主要是PM2.5，占77.8%；其次为臭氧，占20.1%，

[44] 2013年北京PM2.5年均浓度超国家标准1.5倍．中国新闻网．2014-01-02. http://www.chinanews.com/sh/2014/01-02/5689539.shtml

主要发生在5—9月；其他污染物(PM10、NO_2等)成为首要污染物的比例仅占2.1%（图4−2）。[45]

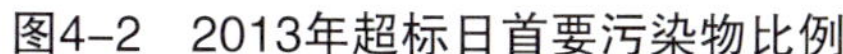
图4−2 2013年超标日首要污染物比例

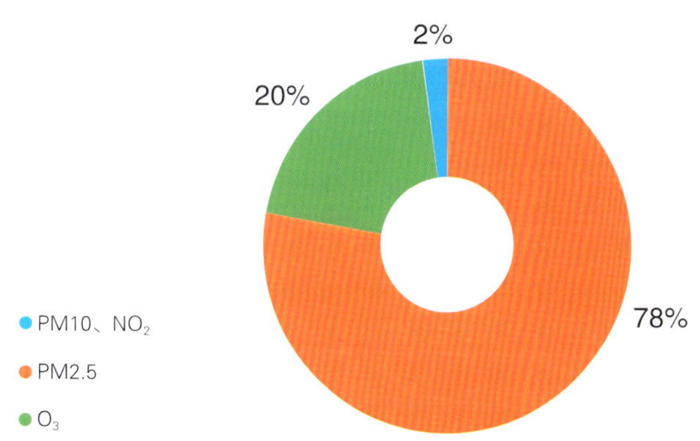

资料来源：北京环保局发布2013全年空气质量状况

北京从1984年开展大气监测，从1998年开始对二氧化硫(SO_2)、二氧化氮(NO_2)、可吸入颗粒物(PM10)三项主要大气污染物进行连续监测，2013年1月1日起，北京按照新国标要求对6项污染物进行连续监测，包括老标准的二氧化硫、二氧化氮、可吸入颗粒物三项污染物和新增的细颗粒物(PM2.5)、臭氧(O_3)以及一氧化碳(CO)三项污染物。[46]

2013年，SO_2、NO_2、PM10的年均浓度分别是每立方米26.5微克、56微克和108微克，同比分别下降了5.4%、上升7.1%、下降0.9%。按照新国标，SO_2的浓度水平已经达标，但NO_2和PM10依然超标，而NO_2还出现了上升的趋势。从NO_2的空间分布图上可以看到，密云、怀柔、延庆等北部地区的年均浓度都低于40微克/立方米的国家标准；而城区和南部地区，基本上都超标，特别是从东北向西南方延伸的污染带，浓度值更高。[46]

2013年，北京市PM2.5年均浓度为89.5微克/立方米，超国家标准1.5倍；与年均35微克/立方米的国家标准还存在较大差距。全年PM2.5共有204天为一级或二级水平，达标率55.9%。受不利污染扩散条件和区域大范围重污染的影响，2013年1月份PM2.5的浓度水平为全年最高，达到160微克/立方米。2—12月逐渐回归正常水平，但各月间有所波动，4月、7—8月浓度较低，5—6月又有所抬升，其他月份之间差异并不显著。

从空间分布看，北京市PM2.5整体呈南高北低的空间分布特征；东南和西南边界地区的浓度水平为北京市最高，南部和市区整体为浓度次高值区，北部地区整体较好。

[45] 北京环保局发布2013全年空气质量状况．2014−01. http://www.chinairn.com/news/20140107/165838667.html
[46] 北京环保局：2013年北京市PM2.5年均浓度89.5微克/立方米．2014−01−02. http://www.bjepb.gov.cn/bjepb/323474/331443/331937/333896/383912/index.html

减煤、调退污染企业 2013年是《北京市2013—2017年清洁空气行动计划》的启动之年。北京市削减了燃煤130万吨，更新老旧机动车36.6万辆，退出污染企业288家，压缩水泥产能150万吨，削减了挥发性有机物排放8300吨；农村地区换用优质煤36万吨、减少用煤44万吨。按照《加快压减燃煤促进空气质量改善的工作方案》的要求，在上年压减70万吨燃煤的基础上，再压减燃煤140万吨，全年燃煤总量控制在2150万吨以下，与2010年北京市2635万吨的煤炭使用量相比，总量已压减近500万吨。4.4万户实现"煤改电"，核心区基本实现无燃煤。

2013年，在东南、西南燃气热电中心投产运行的基础上，西北燃气热电中心4台机组基本建成并投产运行2台机组，东北燃气热电中心主体结构封顶；科利源热电厂燃煤机组关停，大唐高井热电厂4台燃煤机组停机备用；华能北京热电厂新增燃气发电机组工程启动。[47]《北京市空气重污染应急预案（试行）》发布，对空气质量监测与预报、空气重污染预警分级、空气重污染应急措施、预警发布与解除、组织保障、督查考核、社会监督等方面作出了具体规定。

以严格的标准推动节能减排 截至2013年6月，北京市已发布《建筑太阳能光伏系统设计规范》《居住建筑节能设计标准》等多项标准。其中，2013年2月1日实施地标《轻型汽车（点燃式）污染物排放限值及测量方法（北京Ⅴ阶段）》，据初步测算，该标准实施后单辆机动车排放的氮氧化物将减少43%左右。

（二）水环境治理

2013年，北京市集中式地表水饮用水源地水质符合国家饮用水源水质标准。水资源短缺和城市下游河水污染严重的局面尚未根本改变。城市下游不达标水体断面中化学需氧量、氨氮年均浓度值分别为70.0 毫克/升和10.1毫克/升，总体呈下降趋势。[48]

2013年，北京市环保局组织开展了排污企业地下水污染专项检查，检查排污企业2363家，[49] 完成清河北岸截污干线、东小口沟综合治理工程；完成清河、酒仙桥污水处理厂升级改造和东坝、垡头、五里坨污水处理厂、丰台河西再生水厂建设；新增污水处理能力11万立方米/日；新建和改造污水管线86公里，新建再生水管线35公里。北京市污水处理率为84%，其中，城六区污水处理率达到96.5%，分别比上年提高1个和0.5个百分点。[50]

为进一步加快北京市污水处理和再生水利用设施建设，不断提高污水处理和再生水利用工作水平，北京制定了《北京市加快污水处理和再生水利用设施建设三年行动方案（2013—

[47] 北京环保局：以更大力度压减燃煤总量促进首都空气质量持续改善．2013-05-21. http://www.bjepb.gov.cn/bjepb/323474/331443/331937/331945/439666/index.html
[48]《2013 年北京市环境状况公报》发布．北京市环境保护局．2014-04-10. http://www.bjepb.gov.cn/bjepb/323474/331443/331937/333896/395964/index.html
[49] 北京市环保局．市环保局组织开展地下水污染专项检查工作．2013-05-24. http://www.bjepb.gov.cn/bjepb/323474/331443/332112/325502/439690/index.html
[50] 首都之窗．加快污水处理和再生水利用设施建设方案．2013-04-24. http://sqjt.beijing.cn/bmts/n214132996.shtml

2015年）》。这一方案提出了再生水厂、配套管线、污泥无害化处理设施和临时治污工程4大类、共83项建设任务，它的实施将使北京“十二五”末污水处理率达到90%以上，其中：四环路以内地区污水收集率和污水处理率达到100%，中心城区（本方案所称中心城区，指中心城及海淀山后地区、丰台河西地区、大兴区五环路以内地区）污水处理率达到98%，新城污水处理率达到90%；污泥基本实现无害化处理，实现首都水环境的明显好转。

链接 19　2013年北京市水资源情况汇总

2013年，北京市全年水资源总量26.2亿立方米，比上年减少33.6%。年末大中型水库蓄水总量18亿立方米，比上年末多蓄水2.94亿立方米。全市平原地区年末地下水平均埋深24.46米，地下水位比上年末下降0.19米。全年总用水量36.4亿立方米，比上年增长1.4%。其中，生活用水16.3亿立方米，增长1.5%；生态环境补水5.9亿立方米，增长4.4%；工业用水5.1亿立方米，增长4.7%；农业用水9.1亿立方米，下降2.4%。全市万元地区生产总值水耗为18.66立方米，比上年下降5.84%。

（三）环境监管能力建设

2013年，北京市重点污染源自动监控能力建设（一期）项目中的应用平台——北京市环境监察管理平台及重点污染源自动监控系统，已通过初步验收并上线运行；实现了对重点污染源排污情况和主要水气环境质量的实时监控；[51] 开展环境污染强制责任保险试点工作，维护污染受害者合法权益，防范环境风险；明确裸露地环境监管责任，组织各区县摸排了279处“征而未建、拆而未建”地块，其中城六区220处、郊区县59处，共计58,314,848平方米；并要求各区县立即组织力量对辖区范围内“征而未建、拆而未建”裸露地块内的垃圾进行清理，并对清理后的地块进行苫盖或绿化；[52] 组织开展多次环保专项行动，对多起突出环境问题进行了市级挂牌督办。

环境监察机构积极推进标准化建设，重点配置了执法装备和取证工具，现场执法能力有效提升；建立了突发性环境事件应急联动机制，配备了一批环境应急装备，环境应急能力明显提高。

（四）声境质量基本稳定

2013年，北京市功能区声环境质量、区域环境噪声和道路交通噪声量级与2012年基本持平。1类区（居住文教区）昼间等效声级年均值超过国家标准，2类区（居住、商业、工业混杂区）、3类区（工业区）和4a类区（交通干线两侧区域）昼间等效声级年均值符合国家标准；3类区夜间等效声级年均值符合国家标准，1类区、2类区和4a类区夜间等效声级年均值超过国家标准。

[51] 北京环境保护局．本市应用环境监察平台加强污染源监管．2013-11-15. http://www.bjepb.gov.cn/bjepb/323474/331443/332112/332134/376180/index.html)
[52] 北京裸露地明确环境监管责任．京华时报 .2013-05-27. http://www.pubchn.com/articles/362907.htm

（五）辐射环境质量保持正常

2013年，环境大气中γ辐射空气吸收剂量率、环境水体中总α、总β的活度浓度和土壤中放射性核素含量，与往年相比均无明显变化，属正常水平。电磁辐射低于40微瓦/平方厘米的国家标准。

（六）生态环境质量为良

2013年，北京市绿地植被数量和质量有所提高，植树造林及矿山修复工作使局部地区植被覆盖率增加；开展了自然保护区边界与功能区划核定工作，完成平原造林36.4万亩。北京市生态环境质量指数基本保持在66左右，生态环境质量为良（55≤EI<75为良好）。7

个乡镇获得“国家级生态乡镇”命名，5个镇、138个村获得“北京郊区环境优美乡镇”和“北京郊区生态村”命名。

链接 20 生态村

生态村的概念最早由丹麦的一位学者Robert Gilman在其“生态村及可持续的社会”的报告中提出。其定义：“生态村是以人类为尺度，把人类的活动结合到不损坏自然环境为特色的居住地中，支持健康的开发利用资源及能持续发展到未知的未来”。

在发达国家，人们创建生态村的目的有三个：即生态化，宗教精神化，社会化。中国对生态村的概念及内涵的理解则更侧重于实际的生产模式与内容，如生态工程建设，强调经济、生态、社会效益的统一。

二、绿色发展

2013年，北京市从绿色交通、绿色建筑、绿色消费等方面大力践行绿色发展战略，努力把北京建设成绿色城市。

（一）绿色交通

绿色交通是低碳环保交通。按照《北京市2013—2017年清洁空气行动计划重点任务分解》，到2017年，北京市五环路内七成公交线路将用上绿色公交。2013年北京市新增3115辆LNG（液化天然气）清洁能源空调车，同等排放标准下，CNG（压缩天然气）车和LNG车的环保等级显然更高。LNG公交车综合排放污染比柴油车降低约85%，其中碳氧减少97%，碳氢减少70%至80%，氮氧化物减少30%至40%；最突出的表现是可以大幅度降低尾气排放量，PM2.5污染物接近“零排放”。[53]

举办“清洁空气·绿色驾驶”活动，在中国石化北京地区500余座加油站、部分驾校和4S店等场所发放“绿色驾驶”车贴、宣传折页、海报，鼓励贴车贴的车主通过网站、微

[53] 2013年新增三千辆绿色公交．北京日报．2013-09-05.
http://jtcx.beijing.cn/bus/gjdt/n214150437.shtml.

博、微信、电子邮件等形式参与活动，宣传“绿色选车、节能驾车、环保养车、文明行车”的理念。[54]

链接 21　绿色交通

绿色交通（GreenTransport）是符合人居环境发展趋势的城市交通系统。具体而言，就是以节能环保、安全通畅的交通设施为基础，以公共交通、慢行交通(步行、自行车)、适量新能源与环保型汽车为工具，以高效、智能的交通管理为依托，与城市规划和空间拓展相协调的可持续城市综合交通系统。绿色交通既是理念，也是目标，是交通可持续发展的具体贯彻。

（二）绿色建筑

1.实施绿色建筑新标准

2013年5月，北京市发布了《北京市发展绿色建筑推动生态城市建设实施方案》，要求从2013年6月1日起，新建项目执行绿色建筑标准，新建建筑基本达到绿色建筑一星级及以上；并严格执行北京市《绿色建筑设计标准》《绿色建筑评价标准》和《居住建筑节能设计标准》。截至2013年12月底，247个项目通过了审查，在设计阶段达到绿色建筑一星级要求，新增绿色建筑面积约1200万平米；而2008—2012年新增绿色建筑总面积仅为419万平米。

该方案要求在“十二五”期间，北京市将至少创建10个绿色生态示范区和10个5万平方米以上的绿色居住区。示范区和居住区内二星级及以上的绿色建筑达到40%以上。该方案率先将绿色生态指标纳入土地招拍挂出让，旨在调动开发商的积极性，以市场的方式推动生态城市建设。

2013年7月1日北京开始实施《绿色建筑设计标准》，率先实现居住建筑节能75%的目标；在土地集约利用、建筑节能、中水利用、雨洪综合管理和材料利用等方面突出北京市特点；鼓励把以政府投资为主的公益性建筑(学校、医院等)和公众关注度高、示范效益强的适宜建筑及非政府投资且建筑面积在2万平方米以上的大型公共建筑，建设成为二星级及以上绿色建筑；分类型分阶段引导推进绿色建筑运行标识认证。

链接 22　绿色建筑及其星级划分

绿色建筑是在建筑的全生命周期内，最大限度地节约资源（节能、节地、节水、节材）、保护环境和减少污染，为人们提供健康、适用

[54] 新华网北京频道．北京石油启动“清洁空气绿色驾驶活动”．2013-09-27. http://www.bj.xinhuanet.com/bjyw/2013-09/27/c_117542193.htm

和高效的使用空间，与自然和谐共生的建筑，即“四节一环保”的建筑。这一定义突出了在“全生命周期”范畴内统筹考虑的原则，强调了健康、适用、高效的使用功能要求，体现了“与自然和谐共生”、营造和谐社会的思想。

国家制定了《绿色建筑评价标准》（DB11/T 825-2011），作为绿色建筑在规划设计阶段和运行使用阶段进行等级划分的依据。通常，绿色建筑根据住宅建筑和公共建筑中所有控制项的要求，按满足一般项数和优选项数的程度，划分为三个星级，满足要求的项数越多，则等级越高，最高星级为三星级，最低为一星级；对公共建筑的要求要略高于住宅建筑，运行使用阶段要高于规划设计阶段，如住宅建筑在规划设计阶段等级评定的一般项数要求有36项，优选项数有14项，在运行使用阶段分别为46项和15项；而在公共建筑规划设计阶段的两个项数要求则分别为39项和15项，运行使用阶段为49项和17项。

2.建设绿色居住区

2013年，北京市加强对绿色居住区执行绿色建筑标准情况的监督检查，对规划、设计、施工和运营等环节进行重点监管。绿色居住区内二星级及以上的绿色建筑面积占总建筑面积的比例达到40%，开发后径流排放量不大于开发前，硬质地面遮阴率不小于50%，垃圾分类收集率100%。[55]

2013年9月，北京市启动了作为试点项目的五个绿色居住区建设，分别为海淀永丰公租房、丰台长辛店居住区一期、大兴旧宫镇3号地住宅、怀柔雁栖湖回迁房和房山长阳镇起步区1号地，总建筑规模约160万平方米，其中海淀永丰公租房项目拟建成全国首个达到绿色建筑三星标准的公租房项目。这五个绿色居住区共同的特点是配套齐全，住宅楼设计符合光照、通风以及充分利用自然能源等要求。[56]

3.建设绿色生态镇(村)

遵循生产、生活、生态相协调的原则，2013年北京市有关区县政府制定了绿色生态试点镇规划纲要和建设实施方案，明确功能定位和主导产业，因地制宜地提出关于交通、市政基础设施、绿色农房、生态环境等方面的发展目标、发展策略和控制指标。

（三）绿色消费

2013年6月15日，北京市商务委会同市发改委、北京节能环保中心开展“绿色消费日”

[55] 首都之窗．北京市人民政府办公厅关于印发发展绿色建筑推动生态城市建设实施方案的通知．2013-05-29. http://zhengwu.beijing.gov.cn/gzdt/gggs/t1311393.htm
[56] 北京市试点建设5个绿色居住区．北京青年报．2013-09-16. http://www.chinanews.com/sh/2013/09-16/5289169.shtml

主题活动，并与联合国环境规划署驻中国办事处合作举办“绿色消费论坛”，引导更广泛的社会公众选择绿色消费生活方式，支持企业生产模式上的绿色变革，进而促进产业结构的调整转型，用“绿色消费”和“绿色生产”作为行为规范。[57]

2013年，北京市大力推动节能环保产品进商场、入超市，持续推广能效标识制度，鼓励商场、家电大卖场优先销售能效等级二级以上的家用电器；不断强化“限制过度包装”和“限塑”措施，鼓励企业在大型商场、超市设立产品包装回收柜台；提倡节俭理性绿色生活方式，使资源节约利用和回收再利用逐步成为市民的自觉行动；切实落实公共场所禁烟规定，营造健康公共环境。

链接 23　绿色消费

绿色消费就是避免使用在生产、使用或废弃时消耗过多资源的产品，在生产、使用或废弃时会严重影响环境的产品，过度包装的产品，使用稀有动物或以动物为实验的产品，消费时会危害他人健康的产品。绿色消费的本质就是鼓励消费者购买对环境污染最低的产品，并且尽量减少不必要的消费。

有学者将绿色消费的本质特征概括为“5R”原则，即：节约资源、减少污染(reduce)，绿色生活、环保选购(reevaluate)，重复使用、多次利用(reuse)，分类回收、循环再生(recycle)，保护自然、万物共存(rescue)。也有人将绿色消费概括为“3E”和“3R”原则：讲究经济实惠(economics)，讲求生态效益(ecological)，符合平等、人道原则(equitable)；减少非必要的消费(reduce)，修理旧物(reuse)，提倡使用再生资源制造的产品(recycle)。

[57] 北京环保局．市环保局将在世界环境日期间开展多种宣传活动．2013-05-31. http://www.bjepb.gov.cn/bjepb/323474/331443/331937/331945/484204/index.html

文化

Cultural Development
文化发展

2013年，《北京历史文化名城保护评价体系》的发布及一批文保项目的规划和实施彰显了北京文化深厚的根底和浓厚的历史风貌，北京“设计之都”建设为其“文化中心”增添了新的内涵。与此同时，文化事业和文化产业诸方面的改革和发展都有新的进展。

一、历史文化名城保护

（一）北京历史文化名城保护评价体系研究成果发布

2013年7月，中国城市科学研究会历史文化名城委员会发布了《北京历史文化名城保护评价指标体系》。

该指标体系将名城保护工作划分为名城整体格局、历史文化街区、历史文化名镇名村、其他重要物质文化遗产、非物质文化遗产五个方面。北京历史文化街区、名城的整体格局、非物质文化遗产将是未来北京历史文化名城保护的重点关注领域。未来需要在强化规划的可实施性、扩充融资渠道、提高公众参与度、非物质文化谱系传承、文化内涵的彰显等层面，采取更为积极的措施。

该指标体系还对北京的历史文化名城保护提出七项建议，包括编制专项保护规划和法规，实现名城的精细化管理；扩大旧城保护范围，提高历史建筑的宜居性；调整旧城保护改造资金平衡机制；强化圆明园遗址公园规划和保护；旧城适当“去功能化”；积极构建名城保护公众参与激励机制；数字化管理，提高名城保护技术水平。[58]

（二）什刹海文保区一期试点项目启动

什刹海文保区总面积589.8公顷，是北京市历史文化保护区中面积最大、人口最多的一个。为了体现老北京传统文化、改善居民生活条件，什刹海文保区要进行修缮，同时适当疏解区域人口，实现区域产业调整。什刹海区域修缮后沿街将现明清风格，沿街商铺将以明清风格单体建筑为主，引入特色商业、艺术工坊以及文化创意产业，形成以“慢生活＋艺术性消费”为主体的特色街区。2013年6月27日，西城区公布“北京中轴线核心保护区・什刹海地区”旧城保护示范项目的整体规划，预计建设周期为4年。

“什刹海文保区一期试点项目” 是“传统中轴线”与“京杭大运河”申遗的交汇点，总占地约15.56公顷；北起鼓楼西大街，南至平安大街，西至前海东沿，东至地安门外大街东侧沿街建筑，范围涵盖什刹海地安门外大街、烟袋斜街及白米斜街三个街区。[59]一期试点项目总投资83亿元。其中资本金注入25亿元，贷款融资58亿元；实施古都风貌

[58] 北京历史文化名城保护评价体系研究成果发布.京华时报 . 2013-07-08. http://www.chinanews.com/df/2013/07-08/5013072.shtml
[59] 北京斥83亿恢复什刹海明清风格商铺 将建“空中胡同”. 新京报 . 2013-06-28. http://culture.ifeng.com/2/detail_2013_06/28/26900416_0.shtml

保护和修缮，并进行区域交通组织优化，尝试建设多点位地下机械停车设施，并建设地下过街通道。

一期试点选定了6个重要节点：地百联大片区、地铁8号线织补项目（“空中胡同”慢行观景区）、地安门外大街产业提升及风貌整治、鼓西项目征收、人口疏解及院落腾退、白米斜街片区市政管廊。

1. 鼓西项目:尝试下沉式胡同

鼓西项目位于鼓楼西南角，毗邻中轴线北端起点钟鼓楼，目前其北侧为已拆除空地，南侧为大石碑胡同26个平房院。项目将以“均衡的中轴、重塑的景观、开放的空间、串联的街区”为规划理念，融入城市绿地公园、地下机械停车和公共厕所等公共设施，尝试下沉式胡同的建设理念，引入“中国茶道院”等特色博物馆，使游人能在该片区感受到与传统历史文化的互动式体验。

2013年已完成人口疏解方案和规划设计方案，鼓西项目用途定位于非营利性公共文化设施。

2. 地铁8号线织补项目:空中胡同

地铁8号线什刹海站处于北中轴线中段重要位置，毗邻火神庙和万宁桥，其建筑设计

将以明清建筑风格的二层商铺为主并通过连廊进行联通，建造“空中胡同”街区，减少地上人流穿行。游客通过观景平台能更好地欣赏什刹海美景；同时，置换、引入并提升“北平居饭店”等传统特色餐饮和艺术体验购物商业。引入和配置特色商业、艺术家工坊及文化互动旅游产业，形成以“慢生活＋艺术性消费”为主体的特色街区，重现北中轴旧时繁华。

2013年已完成详细规划设计方案，拟将现地百联大片区内的北平居饭店和工商银行置换入本项目，以拓展地百联大片区的产业提升空间。

3. 地安门外大街：重现“前朝后市”繁华街景

该项目以沿街27处区属商业门店为支撑节点，研究组建统一的商业运营公司；以业态提升为切入点，结合绿化及市政设施的完善，突出旅游与商业的功能定位，打造一条结合奢华享受、美食品鉴、民俗风情、休闲养生、创意生活为一体的全体验式商业街，重现古都“前朝后市”的繁华街景，塑造休闲惬意的游览环境。2013年已完成道路整治的规划设计。

4. 地百联大片区：沿街恢复明清风格商铺

该项目位于一期试点项目的中部，包括地安门百货商场、万年停车场以及联合大学前海校区。项目完成后道路两侧恢复明清风格商铺的建筑形式，地上空间引入高端精品酒店和开放性国际交流会所，地下空间植入时尚品牌旗舰店；同时创设什刹海文化展演中心，将这里建成一个“品味古今休憩购物区”。

2013年已与北京联合大学就三个校区（前海东沿50号、丰盛胡同13号、盆儿胡同55号）整体置换、腾退的方案多次沟通，明确在整体置换、腾退框架方案确定的基础上，先期启动前海校区的腾退，已开始各校区房产评估和相关资料交接工作。

（三）钟鼓楼广场恢复整治项目开始启动

作为北京城传统中轴线的重要组成部分，钟鼓楼广场将参考清代盛世全图以及新中国成立初期地形图扩张并矫正。

钟鼓楼始建于元世祖至元九年，至今已有700多年的历史，是元、明、清三代的报时中心。历史上钟鼓楼广场的面积曾达万余平方米，于今的钟鼓楼广场不足4000平方米。[60]

2012年12月12日，北京市东城区下发“关于钟鼓楼广场恢复整治项目范围内的房屋征收的通知”，与补偿方案一起张贴钟鼓楼周边的胡同院墙外；2013年1月6日东城区历史风貌保护办举行新闻发布会，这意味着钟鼓楼广场恢复整治项目正式启动。按照钟鼓楼广场恢复整治项目的规划，东起钟楼湾胡同东侧、西至钟楼湾胡同西侧、南起鼓楼东大街及鼓

[60] 北京恢复钟鼓楼广场拆迁基准价每平米超4.4万元．中国新闻网．2013-01-06. http://finance.chinanews.com/house/2013/01_06/4463599.shtml

楼西大街、北至豆腐池胡同约4700平方米面积将被政府征收，涉及66个院落、136户居民。该项目将依照首都功能核心区保护性修缮的要求，恢复钟鼓楼广场历史上曾经拥有的公共空间。

（四）积极推进大运河申遗准备工作

中国大运河是重要的文化遗产，2006年就被国家文物局列入《中国世界文化遗产预备名单》，2013年被公布为全国重点文物保护单位。大运河的范畴除了京杭运河，还增加了隋唐运河和浙东运河，地跨北京、天津、河北、山东、江苏、浙江、河南和安徽8个省市。

根据国家文物局编制的中国大运河申遗文本，北京市入选直接申报名单的河道分别为通惠河北京旧城段（包括什刹海和玉河故道）、通惠河通州段，遗产点分别为西城区澄清上闸（万宁桥）和东城区澄清中闸（东不压桥）。尚未列入的其他后续项目，要继续加强运河相关遗产的保护修缮，争取早日列入世界文化遗产名录。

链接 24　申遗的大运河

申报世界文化遗产的大运河包括横贯中国中东部地区的隋唐大运河、京杭大运河和浙东运河。依据历史分段和命名习惯，大运河共包括十大河段。申报的系列遗产分别选取了各河段的典型河道段落和重要遗产点，包括河道遗产27段，总长度1011公里，相关遗产共计58处。遗产类型包括闸、堤、坝、桥、水城门、纤道、码头、险工等运河水工遗存，以及仓窖、衙署、驿站、行宫、会馆、钞关等大运河的配套设施和管理设施，以及一部分与大运河文化意义密切相关的古建筑、历史文化街区等。这些遗产分布在2个直辖市、6个省、25个地级市，遗产区总面积为20819公顷，缓冲区总面积为54263公顷。

（五）"三山五园"历史文化景区建设

"三山五园"历史文化景区是指北京西郊清代皇家园林历史文化保护区，是中国现存皇家园林的精华。其范围东起地铁13号线和京密引水渠，西至海淀区界，北起西山山脊线和北五环，南至北四环，总面积为68.5平方公里。"三山五园"历史文化景区肇始于辽金，发展于元明，全盛于清代。现存文物点100多处，其中世界文化遗产1处，全国重点文物保护单位9处，市级文物重点保护单位9处。历史文化价值弥足珍贵，文化资源高度密集。

2013年，"三山五园"历史文化景区改造工作主要围绕环境整治、重点地区改造、绿色空间建设等三个方面。

1. 环境整治取得实质性进展

"三山五园"重点改造地区主要包括四季青镇香山地区和海淀镇的颐和园、圆明园两园之间地区，共涉及5个行政村，43个自然村；面积488公顷，户籍人口约4万人，流动人口约15万人。在这一区域内，人口密度较大，旅游配套和公共基础设施匮乏，土地使用效率较低，城市环境脏乱差，安全隐患突出，与皇家园林景区的地位极不适应。

2013年7月，位于颐和园东墙外的六郎庄腾退已经完成，村落原址正在实施产业用地和绿化景观规划设计；中央党校西墙外搬迁4月底正式开始，至7月居民签约达到70%，2013年底全部完成。力争用3至5年时间，完成“三山五园”周边的城中村改造工作。[61]

2. 重点地区改造启动

[61] 北京海淀“三山五园”周边城中村将全部改造．北京晚报．2013-07-16. http://www.chinanews.com/df/2013/07-16/5048588.shtml

香山地区总面积约21平方公里，分为四王府等东部地区和香山中心区两部分，共有28个自然村；总户数4365户，户籍人口1.1万人，外来人口约4.5万人。对四王府等东部地区的环境整治，海淀区已确定改造思路，即本着节约用地、集中整理和就地安置的原则，以镇村集体经济组织作为实施主体，实行地区统一规划，将10个村庄的居民集中安置在普安店、四王府和向阳新村3个区域。这一方案待批复后将全面实施。

香山中心区改造将以香山中心区保护建设规划为依据，不搞大拆大建，不打破目前的街巷格局，以现有院落为基础，适当新建和改建，涉及院落统一安置在普安店小区。2013

年，海淀区已编制完成香山中心区市政路网专项规划，计划启动香泉路等条件成熟的5条道路和买卖街、步行街的改造工程，缓解香山中心区的交通拥堵状况。

颐和园、圆明园两园周边需改造的旧村包括中央党校西墙外地区、一亩园社区（圆明园大宫门）、二河开地区及功德寺等10个片区，占地面积共361公顷；户籍人口3.8万人，流动人口超过10万人。该地区大部分用地规划为城市绿地，多年来一直被搁置。对这一区域，海淀区拟采取异地安置、以绿换绿的方式，对区域内村民实行异地搬迁安置。腾退出的土地进行文物复建、绿化，适当安排与周边环境、景区地位相匹配的文化旅游建设项目；同时为集体产业提供发展空间。2013年4月中央党校西墙外地区已启动搬迁，搬迁完成后利用有限的建设用地，着力恢复青龙古镇的历史风貌，同时有序进行地区的环境整治改造，配套相应的旅游服务设施。

3. 园外园加快绿色空间建设

“三山五园”历史文化景区范围内分布着大量湿地、公园和特色景观，包括已经建成的玉东公园、北坞公园以及建设之中的六郎庄绿地、玉泉公园、丹青圃等郊野休闲公园，正在实施整治改造的北长河等水系也贯穿其中。这些不为传统游客和市民所知的园外园拥有优质的水土条件、深厚的皇家园林历史文化底蕴和真山真水的自然生态景观格局。海淀区计划通过统一梳理园外园绿色空间内的风景名胜资源，合理布局景观体系和空间结构，完善绿道系统以及公共服务设施，在面积约200公顷的范围内，形成以玉泉山为核心，以区域内现有绿色资源为基础，绿色空间、水系空间和视觉廊道三大体系充分融合的园外园景观。

二、文化事业

2013年，北京市各界认真学习了“中国梦”的基本内涵、本质要求和实践路径。根据习近平总书记关于实现中华民族伟大复兴的“中国梦”的重要论述，北京市制定了《中共北京市委关于开展“中国梦”学习宣传教育工作的实施意见》，社会各界围绕“中国梦”主题举办了形式多样的展览展示和群众文化活动。通过对“中国梦”的系统学习，凝聚共识、团结力量，增强了北京市干部群众的“道路自信、理论自信、制度自信”。

（一）演艺创作实现双丰收

截至2013年底，北京市共累计审批艺术表演团体620家，全年共演出22361场，国内观众1297万人，演出收入5.3亿元（含中央及其他部委、市区属、社办团）。北京市属11个专业院团共演出8662场，比上年增长了11%，国内观众397万人，演出收入2.0亿元，比上年增长了13%。[62]

2013年北京修改完善了《北京市舞台艺术创作生产奖励扶持专项资金管理办法》、《北京市基层公益演出活动转移支付资金管理办法》，新出台《北京市文化局舞台艺术展演补贴办法》《北京市文化局所属艺术表演团体财政补助资金管理办法》，完善了《北京市文化局关于低票价补贴办法》，在全国率先起草了《北京市剧场标准化管理试行办法》，草拟了《北京市地方戏剧演出支持办法》，这些政策对于北京文艺创作起了巨大的推动和引领作用。

北京市为各大院团的精彩剧目演出搭建了各种宣传平台，并通过展演来引导北京文艺市场的创作。2013年北京市举办了以“北京故事”为题的优秀小剧场贺岁剧展演，并与文化部艺术司共同举办了“2013年全国小剧场戏剧优秀剧目展演”，会同首都精神文明办举办了“2013年北京‘春苗行动’优秀少儿题材剧目展演”，会同国家大剧院联合举办了“第十一届北京国际戏剧·舞蹈季暨2013国家大剧院舞蹈节”。

在一系列利好政策的推动下，北京市在艺术生产创作方面取得了近十年来的最佳成绩。北方昆曲剧院昆曲《红楼梦》获第十届中国艺术节“文华大奖”、2013年全国戏曲大赛“优秀奖”、第二十九届中国电影金鸡奖“最佳戏剧篇奖”（电影版）。北京儿童艺术剧院《想飞的孩子》获得第十届中国艺术节“文华优秀剧目奖”。国家话剧院与北京儿艺合作的话剧《四世同堂》获得“文华优秀奖”。中国杂技团创作的《协奏·黑白狂想-男子技巧》获得第九届全国杂技比赛杂技组金奖。北京歌剧舞剧院舞蹈《武生》荣获第十届全国舞蹈比赛文华舞蹈节优秀表演奖。北京曲剧团曲剧《烟壶》获得第三届中国少数民族戏剧汇演剧目金奖及五个单项奖。[63]

（二）进一步改善公共文化服务体系

2013年，北京市完成500个社区文化中心标识规范工作；稳步推进数字化社区建设，新建200个数字文化社区，对已建成的100个数字文化社区加强了运营管理和服务推广；推动24小时自助图书馆体系建设，在北京市大型社区等公共场所开通了134台24小时自助图书机。农村文化室实施“四网合一”工程，将有线电视、数字电影、全国文化信息资源共享和远程教育进行融合，实现多元共享，丰富服务内容，已有8个区县2659个村完成了合网工作。北京市深

[62] 北京市2013年文化发展概况．首都之窗．
http://zfxxgk.beijing.gov.cn/columns/80/5/492942.html
[63] 2013年北京演艺创作实现双丰收．北京商报．2014-02-21.
http://www.bbtnews.com.cn/news/2014-02/2100000073503.shtml

入开展文化惠民公益服务，做好公共图书馆、文化馆（站）、美术馆三馆免费开放工作，并推出图书通借通还服务，已建成102个图书通借通还网点，实现国图与首图读者卡互通；完成为群众办实事项目“名家名作进社区”艺术普及活动50场；支持画廊协会组织北京画廊周，在草场地、798等六大艺术区开展70余场活动，促进市民艺术素养提升。

（三）全面推进“非遗”保护工作

2013年，北京市共有9个项目入选联合国教科文组织“人类非物质文化遗产代表作”名录；108个项目入选国家级名录、90人入选国家级代表性传承人，公布市级名录项目236

项、市级代表性传承人206人。北京市加大了“非遗”建设力度，积极开展“非遗”生产性保护示范基地和传承示范校建设，评选并命名8个传统节日“北京特色活动”、3个“北京市非遗生产性保护示范基地”、5个“北京市非遗传承示范校”，推动“非遗”真正融入市民日常生活；积极开展“非遗”宣传力度，利用春节、清明、端午、中秋等传统节日开展北京厂甸庙会等八大“非遗”保护特色活动；继续推出大型“非遗”纪录片《守望》，共计拍摄完成125集；组织“非遗”项目参加第四届成都国际“非遗”节、恭王府中华传统技艺精品展、首届亚太传统手工艺博览会、第八届文博会以及APEC非正式高官会议展览展示活动，推动北京“非遗”项目走出去。

三、文化产业

（一）文化创意产业整体上稳中有进

2013年，全年文化创意产业实现增加值2406.7亿元，比上年增长9.1%；占地区生产总值的比重为12.3%。文化创意产业已成为北京经济的重要支柱产业和新的经济增长点，在稳增长、调结构、惠民生中发挥出越来越重要的作用（表5-1）。

表5-1　规模以上的文化创意产业情况

项　目	收入合计（亿元）		从业人员平均人数（万人）	
	2013年1—12月	同比增长	2013年1—12月	同比增长
合　计	10022.0	7.6%	104.7	2.5%
文体艺术	164.9	7.1%	3.7	1.0%
新闻出版	799.7	8.5%	10.6	-0.7%
广播、电视、电影	666.4	9.2%	4.8	4.8%
软件、网络及计算机服务	3849.0	9.2%	52.4	1.2%
广告会展	1105.1	3.7%	6.5	2.1%
艺术品交易	985.4	7.8%	1.3	5.2%
设计服务	400.9	5.0%	8.3	5.7%
旅游、休闲娱乐	873.8	11.0%	8.3	-0.7%
其他辅助服务	1176.8	3.9%	8.8	-4.8%

注：各领域数据按2011年国民经济行业分类（GB/T 4754-2011）标准汇总。
资料来源：北京统计信息网．规模以上的文化创意产业情况

（二）文艺演出、艺术品交易等产业稳步发展

2013年，北京市123家主要演出剧场全年营业性演出达到23155场，吸引观众1014万人次，实现票房收入14.42亿元。其中53个主要艺术剧场，全年演出16204场，占总演出场次的70%；观众662万人次，演出收入7.89亿元，占总演出收入的55%。53个主要艺术剧场平均上座率60%，比上年下降了5个百分点。上座率下降的主要是600—1000座席的三个以旅游演出为主的场馆和400座席以下以旅游演出为主的场馆；而一批设施完备的艺术演出场所上座率持续增高。[64]

[64] 北京市2013年文化发展概况．首都之窗．
http://zfxxgk.beijing.gov.cn/columns/80/5/492942.html

全年艺术品拍卖成交额突破300亿元，较2012年增长10%以上，占全国比重超过50%，继续稳居全国第一。2013年北京动漫游戏产业规模以上企业总产值达到220亿元，增长约22%。移动游戏作为新的收入增长点呈现爆发式增长，推动动漫游戏产业整体收入持续增长。

（三）改善产业政策，营造良好环境

北京市政府出台了《北京市关于支持艺术品产业发展的实施办法（试行）》，开展了动漫企业认定和年审工作。2013年新增6家经国家认定的动漫企业，2家重点动漫企业，8个重点动漫产品，通过年审的43家动漫企业均不同程度获得税收优惠；建立了原创动漫形象和民营美术馆优秀展览项目扶持专项资金，分别对《云中兰若》等30部原创动漫作品和7家民营美术馆的10个优秀展览项目进行了扶持。

（四）以规划为先导推进文创功能区建设

北京市文化创意产业发展取得重要进展，但还面临着行业发展不平衡、企业融资难，文化航母、文化精品少，行业市场化程度不高和区县同质化竞争四大问题。解决这些问题的措施之一就是整合资源。2013年，北京按照土地集约、产业集聚、功能集中的原则，制定“北京市文化创意产业功能区总体规划”，在16个区县打造核心演艺功能区、文化科技融合示范功能区、文化交易功能区、文化保税功能区、影视产业功能区等20个文化创意产业功能区。[65]

与此同时，北京还着力构建包括贷款贴息、融资担保、文化创意产业统贷平台等在内的文化创意产业投融资服务体系。北京市文资办已经与12家银行签署金融创新合作协议，12家银行每年为北京市留出总计1200亿元的额度支持北京文化创意产业发展。

（五）文化市场主体繁荣发展

截至2013年底，北京市共有文艺表演团体620家，比上年的562家增长了10.3%；演出经纪机构1646家，比上年的1540家增长了6.9%。互联网上网服务营业场所1536家，与上年基本持平。娱乐场所经营单位2094家，比上年的1983家增长了5.6%。互联网文化经营单位989家，比上年的807家增长了22.5%，数量占全国的近三分之一。

2013年，北京积极推进21家国家文化产业示范基地建设，培育骨干文化企业，在“全国文化企业三十强”评选中，北京共有五家单位入选，数量居全国第一位。

（六）推进“设计之都”建设

2012年，北京正式加入联合国教科文组织（UNESCO）创办的全球创意城市网络，

[65] 北京将整合规划20个文创产业功能区 . 北京商报 . 2013-11-20.
http://www.bjbusiness.com.cn/site1/bjsb/html/2013-11/20/content_235356.htm?div=-1

成为“设计之都”。为进一步推进“设计之都”建设，提升“北京设计”品牌的国际影响力，增强设计对首都经济社会发展和世界城市建设的支撑作用，北京市于2013年9月发布《北京“设计之都”建设发展规划纲要》。纲要实施期限为2013年至2020年。到2020年，北京设计产业年收入将突破2000亿元，并基本建成全国设计核心引领区和具有全球影响力的设计创新中心，“北京设计”的国际影响力大幅提升。

北京在建设“设计之都”过程中形成了三大亮点，即北京DRC工业设计创意产业基地、中国设计交易市场和中国设计红星奖。2013年共有5567件产品参评中国设计红星奖，继续超过德国红点奖4662件的征集数量，同时也成为全球参评数量最多的产品设计奖项。2013年至2020年，北京“设计之都”五大工程分头推进（表5–2）。

表5–2 “设计之都”五大工程具体内容

具体工程	目的	具体实施内容
国际化工程	融入全球创新设计网络	1.推动北京设计走向世界： ①全面接轨创意城市网络 ②加强亚太地区设计合作 ③参与UNESCO非洲发展活动 ④鼓励企业加入全球分工体系 2.集聚国际优秀设计资源： ①推动建立北京UNESCO设计创新产业中心 ②吸引国际知名设计机构 ③引入国际知名品牌活动
产业振兴工程	推动创新型经济发展	1.实施设计提升产业计划： ①开展设计提升产业示范项目 ②支持企业提升设计创新能力 ③实施设计振兴贸易计划 2.实施设计产业创新计划： ①提升重点设计行业创新能力 ②支持龙头设计企业做大做强 ③扶持中小微设计企业做专做精 ④搭建设计产业创新服务平台 3.促进设计产业集聚发展： ①打造“设计之都”核心区 ②建设“设计之都”示范区 ③培育新的设计产业集聚区
城市品质提升工程	增强市民幸福感	1.促进设计美化城市 2.推广低碳生态设计 3.提高设计惠民水平
品牌塑造工程	提高“北京设计”认知度	1.打造品牌设计奖项： ①提高红星奖国际影响力 ②设立设计之都贡献奖 2.推广“北京设计”品牌： ①扩大品牌知名度 ②提升品牌美誉度 ③强化品牌普及度
人才助推工程	构建多层次人才梯队	1.推出设计拔尖人才 2.培养实用型设计人才 3.促进人才跨界交流

链接 25 “设计之都”

“设计之都”设立于2004年，是联合国教科文组织创办的“创意城市网络”的一部分，是分享城市发展经验、凸显城市文化资源、提升城市世界知名度、拥有“世界精英城市”地位、在全球平台上为城市创造设计产业发展机遇的城市。目前已经命名的8个“设计之都”是：柏林、布宜诺斯艾利斯、蒙特利尔、名古屋、神户、深圳、上海和北京。

四、对外文化交流与贸易

北京市文化贸易额从2006年的12.65亿美元提高到2013年的35.33亿美元，年均增长15.8%。动漫游戏出口、图书版权输出和电影出口居全国前列，国家文化出口重点企业和项目数位居全国之首。

2013年，北京市文化局共受理对外文化交流项目183批4330人次，同比交流项目增长20%，交流人次增长23%。截至2013年底，北京市共受理出访国外及港澳台地区文化交流项目140批2979人次，引进国外及港澳台地区文化交流项目共43批1351人次。[66] 借助一些重要的国际展会，北京把文化走出去纳入首都经济对外开放工作的重要内容，使之成为北京国际交往的一大特色。其中包括赴刚果举办“感知中国”文艺晚会，赴古巴举办“北京之夜”文艺演出；以北京友城交往为渠道，积极与首尔中国文化中心开展年度对口合作，与曼谷开展双向交流演出。北京文博会已连续举办8届，文化贸易签约额累计达到4845亿元。2013年北京国际图书节签订版权输出与合作出版协议超过2000项，北京国际电影节交易额突破百亿元。[67]

2013年，北京市文化贸易进出口总额达35.33亿美元，同比增长达15.7%；核心文化产品进出口总额为9.1亿美元，核心文化服务进出口总额为26.2亿美元。60家企业、37个项目被列为2013—2014年度国家文化出口重点企业（项目）。[68] 以完美世界、金山软件、智明星通、蓝港在线、畅游时代为首的原创研发企业网络游戏出口金额约为16亿元人民币。大型民族歌舞剧《马可·波罗》赴美演出100场，中国杂技团北美市场演出协议逾2000万元。

[66] 北京市2013年文化发展概况．北京市文化局．2014-07-23．
http://zfxxgk.beijing.gov.cn/columns/80/5/492942.html
[67] 北京文化贸易额8年增两倍．新京报．2014-05-22．
http://news.hexun.com/2014-05-22/165011173.html
[68] 北京故事"越讲越精彩文化贸易进出口总额达35.3亿美元．京华时报．2014-09-14．
http://www.chinadaily.com.cn/dfpd/dfwhyl/2014-09-14/content_12376582.html

首都市民
生活垃圾分类
指导手册
中华人民共和国
环境监察
EPI

City Management
城市管理

2013年，北京坚持精细化、人性化、智能化和便利化的城市管理理念，积极创新服务管理方式，在城市管理方面又迈上新的台阶。这集中体现在社区管理、交通管理、食品安全管理、打击违法建设等方方面面。

一、社区管理

社区是城市居民生活空间的基础网络板块，因此社区管理成为城市管理的重要内容。

（一）网格化体系建设和“一刻钟”服务圈的激增

2013年，北京市全面推进社会服务管理网格化体系建设，在244个街道、乡镇和4724个社区、村开展试点工作，覆盖北京市75.3%街道、乡镇和70.4%的社区、村。[69] 网格化管理取得了实质性的进展。同时，“一刻钟”服务圈在社区落地，社区居民在家电维修、洗衣买菜、交水电费、娱乐健身等60项日常生活需求，步行出家门15分钟就能办到，这就是“一刻钟服务圈”。2013年共建有822处“一刻钟服务圈”，其中200个是年内新增的（图6-1）。[70]

图6-1 北京市2011—2013年社区“一刻钟服务圈”个数

资料来源：根据相关资料及首都之窗综合整理

（二）治理老旧小区的准物业管理模式

北京市有1582个老旧小区存在建成年代早、建设标准低、配套设施不全、设施设备老化、管理体制不顺、缺乏有效的管理服务机制和监督机制等问题，影响了老旧小区居民的正常生活。[71] 2013年，北京市针对以上情况，加强对老旧小区的治理。

[69] 城管、治安、社会服务网络2014年“三网融合”. 北京日报 . 2013-12-31. http://zhengwu.beijing.gov.cn/gzdt/bmdt/t1336233.htm
[70] 2013年年内822处“一刻钟服务圈”遍街巷 . 北京日报 . 2013-07-02. http://zhengwu.beijing.gov.cn/bmfu/bmts/t1315118.htm
[71] 北京：116个老旧小区试点准物业管理.北京青年报 . 2013-09-25. http://www.chinadaily.com.cn/hqgj/jryw/2013-09-25/content_10189043.html

准物业管理是治理老旧小区的一种尝试。所谓准物业管理就是采取物业自主式服务管理、社区自治式服务管理、产权单位自助式服务三种模式对社区进行管理。这三种方式主要解决停车难、脏乱差的局面。2012年，北京首次在34个老旧社区开展自我服务管理试点，取得了不错的效果。2013年，在34个试点的基础上再推出第二批82个试点。这些试点的运行，不仅解决了老旧小区的治理难题，而且为老旧小区的管理总结了不少好的经验（图6-2）。

图6-2 2012—2013年老旧小区开展自我服务管理试点的个数

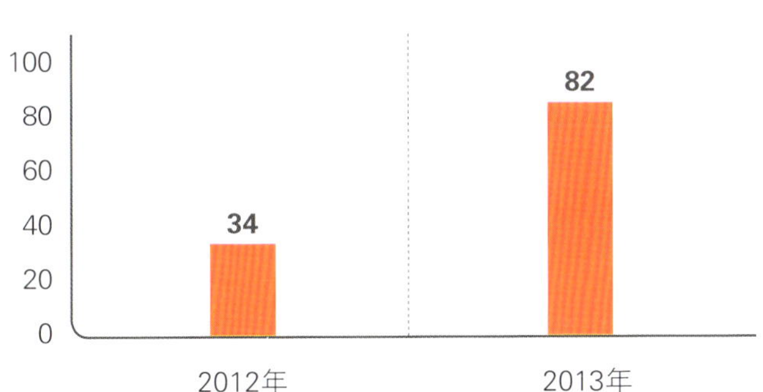

（三）社区医疗卫生服务持续改善

就医是居民日常生活中面临的重要问题。2013年北京市将社区卫生服务作为医改的重点任务和重要民生工程，坚持政府为主导、以健康为中心，城乡统筹，突出公益，强化公平，体现基本的原则，社区卫生服务模式不断创新，社区卫生管理及运行机制日益完善，基层卫生服务能力得到提升。

1. 健全社区卫生服务网络

按照城镇居民、远郊平原和山区的居民分别出行15、20、30分钟以内可及社区卫生服务的目标，根据人口分布调整情况，加强薄弱区域社区卫生服务机构的布点工作。2013

图6-3 2013年北京市社区卫生服务机构组成

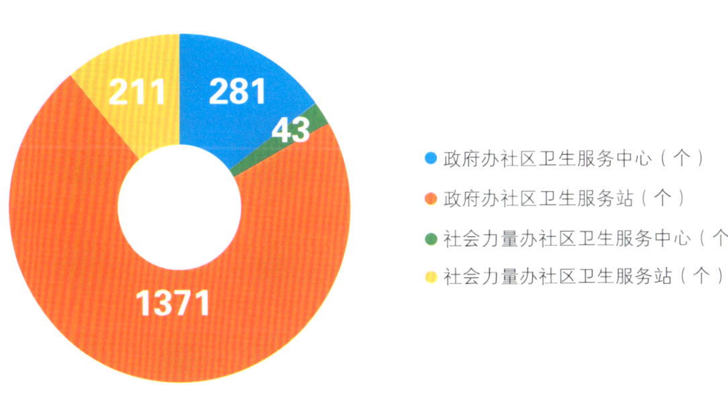

资料来源：北京市卫生局网站

年，北京市正式运行的社区卫生服务机构有1906个，其中社区卫生服务中心324个(其中政府办281个)，社区卫生服务站1582个(其中政府办1371个)。一些区域如海淀朝阳，加大鼓励社会力量兴办社区卫生服务站，健全社区卫生服务网络（图6-3）。

2. 提高社区卫生服务能力

社区医疗卫生服务能力的提高体现在社区医疗队伍的培养以及药品品种的增加。北京市推进全科医生执业方式和服务模式改革试点，建设一支全科医生为主体、高水平、居民信赖的基层医疗卫生服务队伍。2013年，北京建立了一支2.6万人的社区医务人员队伍，在居民家门口提供医疗和健康服务；并且启动“十、百、千社区卫生人才”培养工作，使社区医生接受技能培训；为了培养更多的乡村医生，采取定向招生、定向培养、定向就业形式，面向农村山区、半山区开展定向免费培养医学毕业生工作；为了避免乡村医生人才的流失，提高社区医生的待遇，增加其年收入。2013年9月市人力社保局发布《北京市基本医疗保险社区卫生用药报销范围》，调整执行新的基本药物目录，药物品种增加到699种，3971个品规；2013年10月起，将224种药品下放到社区，使医保社区药品报销范围由原来1211种增加到1435种。[72]

3. 推出“一老一小” 中医基本公共卫生服务

2013年，北京市推行“一老一小”中医基本公共卫生服务。到2013年年底前，所有社区卫生服务机构为辖区“一老一小”提供中医药健康管理服务。这些中医服务由社区医生承担，为此各区县指定大型中医医院作为社区团队的培训基地，使社区全科医生掌握中医基本服务技能。北京市还在社区组建科普团队，由社区卫生服务机构中医科、中药房以及三至七名人员组成，向社区居民传授养生保健知识，推广五禽戏、八段锦、太极拳等锻炼方式。

链接 26　“一老一小”社区中医基本公共卫生服务

“一老”指的是社区中医为辖区65岁以上常住老年人提供中医体质辨识。中医将人的体质分为八种，每种有不同的调理方法。中医据此为老人量身定制养生保健指导。

“一小”指的是3岁以内儿童，将享受两次中医调养服务。社区卫生服务机构将针对小儿的生理特点和发病机理，指导儿童监护人开展起居活动指导、饮食调养及常见穴位的按揉，以达到增强儿童身体健康的目的。

（四）社区便民设施的建设与管理

在社区管理中，加强社区便民设施的管理与建设显得尤为重要。2013年，北京着力加

[72] 本市社区药品10月新增224种可报销 职工可多报两成．北京日报．2013-09-26. http://zhengwu.beijing.gov.cn/bmfu/bmts/t1326186.htm

强便利设施的建设，不断尝试便民设施的创新服务。这集中体现在社区银行、社区菜市场以及社区医疗首诊的管理和创新服务中。

1. 开展社区银行服务

2013年10月31日，由北京农商银行设立的本市首家“社区银行”—经济技术开发区支行南海家园五里社区分理处在大兴区瀛海镇南海家园社区正式开业。这家社区银行以社区居民和个体工商户为主要服务对象，除提供存取款、代理缴费等基本服务外，还提供汽车养护与保险、金融知识讲座等特色服务。这是北京农商银行对银行物理网点从单纯的银行服务渠道向全能服务为主的综合服务中心转变的一次尝试，也是进一步便利社区居民的重要举措。

“社区银行”采用自助设备和人工服务相结合的形式，突出便利性和自助化的特点，实行错时服务，即7—10时、16—20时营业，方便社区居民在早晨和下班后进入银行办理业务；同时也充分考虑到老年客户对传统服务方式的需求，配备专人协助客户使用银行机具，满足了不同客户群体的服务需求，更加贴心和更具亲和力。[73]

2. 规范管理社区菜市场

2013年9月，北京市政府通过《北京市蔬菜零售网点建设管理办法》，进一步对社区菜市场和社区菜店进行规范；并且规定新建社区必须配套菜市场。

[73] 北京市首家“社区银行”开业. 金融时报. 2013-11-01. http://finance.sina.com.cn/roll/20131101/074717190635.shtml

3. 推出新农合社区首诊制

2013年，市卫生局发布《北京市新型农村合作医疗综合支付改革试点方案》，平谷、密云两区县的“新农合”（新型农村合作医疗）参合人员就诊须经社区、乡镇首诊治疗，否则住院医疗费用不予报销。2015年该试点有望扩至全市。这样既有效地解决了看病难的问题，也促进社区医疗机构既有的资源充分利用。

（五）智慧社区成批涌现

2012年，北京市印发《关于在全市推进智慧社区建设的实施意见》，首批智慧社区建设工作于2012年9月正式启动。2013年，北京市按照《北京市智慧社区认定管理办法》的要求，根据5个一级指标，16个二级指标，46个三级指标的评价指标体系对首批试点智慧社区建设进行验收认定工作。经过区县自评、互评等阶段，2013年北京市认定星级智慧社区524个；其中，认定东城区和平里街道林调社区等421个社区为“北京市三星级智慧社区”，认定西城区什刹海街道兴华社区等73个社区为“北京市二星级智慧社区”，认定海淀区学院路街道二里庄社区等30个社区为“北京市一星级智慧社区”（见表6-1）。

表6-1 北京市各城区星级智慧社区数量表

区县	东城	西城	朝阳	海淀	丰台	石景山	门头沟	房山	通州	顺义	昌平	大兴	平谷	怀柔	密云	延庆
一星级	0	0	0	3	5	2	0	20	0	0	0	0	0	0	0	0
二星级	1	8	0	30	4	5	0	9	0	0	4	2	3	0	7	0
三星级	48	62	69	28	93	7	8	11	9	37	9	23	4	2	6	4
总　计	49	70	69	61	102	14	8	40	9	37	13	25	7	2	13	4

数据来源：首都之窗北京政府官方网站的资料整理

链接 27　智慧社区

智慧社区主要指利用物联网、云计算、移动互联网、信息智能终端等新一代信息技术，通过对各类与社区居民生活密切相关信息的自动感知、及时传送、及时发布和信息资源的整合共享，实现对社区居民“吃、住、行、游、购、娱、健”七大要素的数字化、网络化、智能化、互动化和协同化，让“五化”成为居民工作、生活的主要方式。

其重点任务是推进智慧社区基础设施建设，逐步形成覆盖全市的智慧社区基础设施网络；推进智慧社区服务体系建设，加快形成更加智能高效便民的服务体系；构建智慧社区管理体系建设，形成更加安全高效全面的社区管理服务体系。

二、交通管理

城市交通系统是一个城市的生命脉络，交通管理是城市管理的重要组成部分和主要任务。2013年，北京市加大力度治理交通，不断开发创新管理手段，加强智能化管理，提高

交通管理效率和管理能力；加强治理交通堵塞的力度，推广新能源汽车，减少交通对环境的污染；改善城市慢行系统，推广公共自行车租赁。

（一）交通管理智能化

2013年，北京交通管理注重整合并扩大交通信息资源，提高交通指挥信息发布平台效用，引导车辆均衡出行，实现了实时智能公交、智能交通出行以及智能停车管理。

北京市交通信息中心联合公交集团和祥龙公交等行业企业信息中心，开发了基于IOS、Android的智能手机终端软件“北京实时公交”，利用信息化手段获取公交的实时到站情况，已实现78条公交线路、5120个站点和2400余辆公交车的公交实时到站查询。路侧停车收费电子化试运行效果良好，电子收费系统运行稳定，实现了清分结算、监控管理、督察管理。

链接 28　北京实时公交

“北京实时公交”是北京市交通信息中心联合公交集团和祥龙公交等行业企业信息中心，以科技部863项目、北京市科委、中关村和交通委科研项目为依托，进行数据接入、公交到站距离和时间预测关键技术、评测体系，以及示范系统建设工作，开发了基于IOS、Android的智能手机终端软件。该软件可以实现公交到站实时查询、公交提示、公交换乘、收藏站点、意见反馈等功能，软件设计参考了国外相关软件的功能，简洁、实用，突出特点，将为公交出行的市民们提供出行参考。

（二）治理交通拥堵

2013年，北京市通过专项治堵工程、改善道路的微循环系统、新开调整公交线路等措施有效地治理了交通堵塞。

1.专项治堵工程

2013年，北京市共完成机场高速四环出口匝道拓宽等疏堵工程239项，其中市级完成114项；完成道路微循环改造工程63项，畅通道路里程108公里；建成出租车扬招站601处，车位1980个；以地铁4、5、6号线沿线道路为重点，完成124公里道路综合整治；完成和平东桥下1074平米自行车道彩色铺装。[74] 专项治堵工程以及道路微循环改造工程的成功实施，增加了道路的畅通，提高了道路系统的运行能力。

2.新开、调整公交线路

[74] 2013年北京市公共交通出行比例达46%．北京市交通委员会官方网站．2014-01-16. http://www.bjjtw.gov.cn/gzdt/ywsds/201401/t20140116_83938.htm

截至2013年12月中旬，北京市共实施了优化调整的公交线路共93条。新开通线路方便了石门营、康营、橡树湾等190个小区居民的出行，削减了北京站前街、前门大街、长椿街等重复线路长度201公里，减少重复设站425个，有效舒缓了市区的交通拥堵。新开线路解决了定泗路、兴海路、东冉北街等81.1公里有路无车问题。[75] 链接了一些交通盲点，如有地铁但并没有公交通行的区域，方便了附近的居民出行。

（三）规范出租车运营管理

北京市通过查处黑车、查处出租车违章等行为，进一步规范了出租车管理。2013年，

[75] 2013年我市优化调整公交线路99条．北京交通委员会官方网站．2013-12-18. http://www.bjjtw.gov.cn/gzdt/ywsds/201312/t20131218_83101.htm

交通执法总队以维护运输市场秩序，提升监管的社会效果为工作主线，统筹兼顾行业监管和黑车治理，在民意主导维护运输市场秩序、强化机制实施精细化管理和勤政廉政带好执法队伍三个方面实现了新突破。截至2013年底，北京共查处各类违法违章3.9万起，查扣"黑车"1.2万余辆，较好地完成了运输市场秩序监管任务；加大出租车投诉受理力度，共处罚投诉案件4680起，同比增长531.6%；多次开展出租车运营秩序专项行动，全年共查处出租车违章18178起，警告出租车驾驶员7195人，52名驾驶员进"黑名单"。

（四）发展绿色交通

交通所带来的环境污染已经成为城市环境污染的一大来源，北京市注重交通管理与环境的整治相结合。一些老旧机动车、公交车由于技术落后，尾气排放严重超标。2013年，北京市淘汰了一部分老旧机动车、公交车，推广使用新能源汽车；调整公交车型结构，新增更新清洁能源公交车2850辆；更新CNG新能源出租车2000辆。

三、食品安全管理

食品安全关乎广大人民群众的切身利益与生活质量，关乎人民群众的生命安全。2013年，北京市通过进一步建立健全食品安全管理法治化环境，加大食品安全宣传教育力度，提高全民食品安全意识，加大公众参与食品安全管理；进一步完善食品安全信息追溯平台，加强食品安全管理的智能化建设。

（一）加强食品安全法制建设

2013年，北京市根据形势的发展与食品安全管理的现实需要，修订调整了2007年出台的《北京市食品安全条例》，为进一步提升北京市食品安全管理提供法律保障水平。此外，针对一些关乎食品安全的场所，如学校、夜市等出台相应的法律规范管理条例。

1. 修改食品安全条例

《北京市食品安全条例》由北京市第十三届人民代表大会常务委员会第37次会议于

2012年12月27日修订，自2013年4月1日起施行。该条例修改了市场准入管理存在的薄弱环节，加强了食品生产经营主体责任，进一步加大了违法惩戒力度，通过立法对食品生产加工作坊和食品摊贩加以规范。此外，将农产品的质量安全管理的有关内容纳入条例加以规范，吸取奥运及国庆期间食品安全保障的成功经验，将相关行之有效的制度和措施进行固化。

2. 出台学校、夜市等食品安全管理的法律条例

2013年，北京市针对学校、夜市等食品安全敏感的场所出台相应的法律制度（表6-2），为特定场所的食品安全管理提供有效的法律保障。

表6-2 2013年北京新增有关食品安全管理法律条例

条例名称	约束对象	颁发时间
《北京市乡村民俗旅游户餐饮服务食品安全监督管理办法》	景区农庄餐饮服务	2013年3月
《关于进一步加强高等学校学生食堂工作的意见》	高校食堂餐饮服务	2013年10月
《北京市餐饮具清洗消毒企业食品安全监督管理办法(试行)》	企业餐饮服务	2013年3月
《北京市夜市餐饮服务食品安全监督管理办法》	夜市餐饮服务	2013年3月

资料来源：北京市卫生局官方网站的资料整理

（二）加强食品安全宣传教育

治理食品安全，离不开广大人民群众的参与。北京市在食品安全管理中，注重向群众宣传食品安全知识，旨在提高公众意识及其参与度。2013年，各社区分别开展了各种不同形式的食品安全宣传教育活动，如食品安全知识讲解、食品安全影片播放等等，并举办食品安全宣传周活动。2013年6月17日，主题为“社会共治 同心携手维护食品安全”的北京市食品安全宣传周活动正式启动，根据全国食品安全宣传周活动方案的统一部署，开展了丰富多彩的食品安全宣传和食品消费知识普及活动，提高了社会公众对食品安全知识的知晓率，增强了食品从业者食品安全意识，构建了社会各界共同参与的食品安全保障工作格局。

（三）加强监督检查、执法治理

新修订的《北京市食品安全条例》于2013年4月1日起施行。北京市质监局根据《北京市食品安全条例》制定了《北京市食品生产加工作坊监督管理指导意见》《北京市食品生产许可管理办法》《北京市食品委托生产管理办法》《北京市食品生产企业违法惩戒现场公示规定》4个配套实施文件，于2013年4月1日起施行。

四、打击违法建设

2013年，北京启动严厉打击违法用地违法建设专项行动，坚决遏制新生违法用地、违法建设，实现违法用地、违法建设零增长；同时，分阶段逐步拆除历史遗留的违法建设。在打击违法用地违法建设专项行动中，搭建信息系统平台对违法建筑的名称、位置、面积、建设状态、规划用地性质、处理结果、处理时间、拆除照片等信息进行电子收集，实现了上报、汇总、销账、统计的电子化管理。全年拆除违法建筑1261.4万平方米，初步实现了新生违法建设“零增长”。[76]

[76] 2014年北京市政府工作报告．北京日报．2014-01-26.
http://bjrb.bjd.com.cn/html/2014-01/24/content_145446.htm

Urban and Rural Areas Coordination

城乡统筹

2013年，在解决城乡差距问题上继续加大力度，大力提升都市型农业发展水平，加快农村经济发展和新型城镇化建设，促进城乡基本公共服务均等化，保持农村社会和谐稳定。

一、农村经济发展

（一）观光农业加快发展

2013年，北京市实现农林牧渔业总产值421.8亿元，比上年同期增长6.6%，按可比价计算实际增长2.1%；第一产业实现增加值161.8亿元，比上年同期增长7.7%，按可比价计算实际增长3%。

平原造林贡献突出，但传统农业生产规模收缩。2013年，北京市平原造林面积36.4万亩，实现林业产值75.9亿元，比上年增长38.4%，对农林牧渔业总产值和增加值名义增长的贡献率分别达到80.8%和81.8%，对实际增长的贡献率分别达到210.2%和172.5%。随着平原造林工程的实施和城市建设开发占地，北京市粮食、蔬菜、瓜果播种面积和果园面积普遍减少，主要农产品产量下降。除生猪出栏和禽蛋产量分别增长2.7%和14.8%外，粮食、蔬菜及食用菌、园林水果、果用瓜、牛奶等产量和家禽出栏分别下降15.5%、4.7%、6.9%、12.6%、5.5%和15.5%。[77]

农业布局的区域规模化特色日趋明显。在农业生产空间不断缩小的情况下，郊区县充分发挥资源禀赋优势，以优质特色产品带动北京市农业提质增效。房山、通州两区大力发展食用菌，全年产量5万吨，同比增长61.8%，占北京市食用菌总产量的58.3%，比上年提高10.8个百分点；平谷大桃、昌平草莓、怀柔板栗和密云核桃产量分别占北京市比重达72.7%、53%、40.6%和39%；平谷禽蛋产量、顺义生猪和肉牛出栏量占北京市比重均达到或超过30%。[78]

观光农业和乡村旅游加快发展。2013年，北京市观光园达1299个，实际经营的民俗旅游户达8530户。农业观光园和民俗旅游户总收入为37.6亿元，比上年增长4.5%；接待旅游人数3750.9万人次，增长3.2%。北京市观光园和民俗旅游呈现较为明显的区域布局特点。城市功能拓展区观光园发展优势明显，以占北京市6.5%的数量获得了18.8%的收入，园均收益分别是发展新区和生态涵养区的2.6倍和4.1倍；77.4%的民俗旅游接待户集中在生态涵养发展区，户均收益分别比功能拓展区和发展新区高66.6%和40%。

科技助力农业现代化。2013年，北京开展农业科技协同创新，深入推进北京国家现

[77] 北京市统计局，国家统计局北京调查总队．2013年北京农业平稳增长．2014-01-23. http://www.bjstats.gov.cn/sjjd/jjxs/201401/t20140123_266807.htm

[78] 北京市统计局，国家统计局北京调查总队．2013年北京农业平稳增长．2014-01-23. http://www.bjstats.gov.cn/sjjd/jjxs/201401/t20140123_266807.htm

代农业科技城通州国际种业园区建设，逐步形成辐射国内外的种业研发、成果展示和交易促进中心；新建改建一批高标准农业园区，建成西柏店循环农业科技园，发展高效密植果品示范基地2000亩；建立现代农资服务体系，农产品安全生产处于北京市领先水平；[79] 以农业“221”行动计划信息平台推广应用为基础，整合农业农村信息资源，发展农业物联网技术。

链接 29　农业“221”行动计划

农业“221”行动计划是指提高北京市农业综合生产能力计划，主要内容是摸清两张底牌，搞好两个支撑，搭建一个平台，简称“221”行动计划。“两张底牌”，开展首都农产品市场需求状况调查和郊区农业资源状况调查，找准郊区农产品的市场定位和区域布局；“两个支撑”，建立农业科技支撑体系和资金支撑体系，提升农业科技含量，扩大农业投入；“一个平台”，搭建农业综合信息平台，为生产者、经营者以及消费者提供信息服务。

[79] 首都之窗官方网站2014年北京政府工作报告.
http://www.bjstats.gov.cn/zwgk/zywj/201401/t20140128_267187.htm

（二）"新三起来"推动农村改革发展

2013年，京郊农村按照市委、市政府关于率先实现城乡一体化发展格局的总体部署，积极推进"新三起来"（即土地流转起来、资产经营起来、农民组织起来）工作，实现了稳中有进、稳中向好。2013年，京郊农村实现农村经济总收入5170.7亿元，同比增长5.9%；乡村两级集体资产总额5049亿元，同比增长11.6%；净资产1751.5亿元，同比增长10.3%；人均劳动所得15735.6元，同比增长9.4%。[80]

经济总量稳定增长，第三产业收入比重继续提高。2013年，北京郊区农村经济总收入中主营业收入实现4949亿元，同比增长5.7%。从农村经济主营业收入三大产业构成情况看（表7-1），第三产业增幅较快，一二三产所占比例为5.5:41.5:53。

表7-1　郊区农村经济总收入中主营业务收入中三次产业收入明细

项　目	郊区农村经济总收入中主营业务收入		郊区农村经济发展中的劳动力		
	金额(亿元)	同比增长	劳动力(万人)	占已就业劳动力的比例	同比提高
第一产业	273.2	3.1%	46.3	26.7%	-0.5%
第二产业	2051.7	3.2%	38.6	22.2%	-0.2%
第三产业	2624.1	8.1%	88.8	51.1%	0.6%

从经营层次看，公有经济增长乏力，非公有经济增长强劲（表7-2）。其中乡组织、乡企业、村组织、村企业、农户家庭、私营企业所占比重分别由2012年的0.4%、19.8%、1.6%、6.4%、32.2%和39.6%变为2013年的0.3%、17.3%、1.4%、6.4%、32.5%和42.1%。

表7-2　公有经济、非公有经济收入明细

项　目	金额（亿元）	同比增长
公有经济	**1262.2**	**-4.2%**
乡镇级经济(含乡级组织、乡企业)	874.6	-7.3%
村级经济(含村组织、村企业)	387.6	3.5%
非公有经济	**3686.8**	**9.6%**
农户家庭经营	1607.1	6.5%
私营企业	2079.7	12.2%

进一步深化农村集体经济产权制度改革，大力推进现代农村股份合作经济发展。按照归属清晰、权能完整、流转顺畅、保护严格的要求，逐步建立新型集体经济组织法人治理

[80] 2013年北京农村经济运行情况分析报告．北京市农村工作委员会网站．2014-03-13. http://www.bjnw.gov.cn/cxyth/zhjj/201403/t20140310_330233.html

结构。截止到12月底，北京市新完成改革单位50个，累计完成改革的单位达到3873个，其中村级3854个，乡镇级19个，村级完成改革的比例已经达到96.9 %。2013年，农村集体资产总额为5049亿元，同比增长11.6%。其中，乡级集体资产2034.2亿元，同比增长2.1%，所占比重为40.3%；村级集体资产3014.8亿元，同比增长19%，所占比重为59.7%。2013年郊区农村集体净资产为1751.5亿元，同比增长10.3%，比总资产增长速度低1.3个百分点。其中，乡级集体净资产499.2亿元，同比减少0.4%，所占比重为28.5%；村级集体净资产1252.3亿元，同比增长15.3%，所占比重为71.5%。

引导农村资源市场化配置。 2013年北京市农村土地承包经营权确权总面积共计462.2万亩，确权土地流转总面积为237.1万亩，占确权土地总面积的51.3%。顺义、通州等区县，通过流转集中后的土地，开展规模化经营，推进都市型现代农业建设。

大力推进农村集体资产经营方式创新。2013年北京农村产权交易所累计成交各类产权交易项目158宗，成交金额突破9亿元，集体建设用地流转项目15宗，流转面积10万多平方米。

示范社带动作用明显。2013年北京市农经办完成了组建市合作社联合会筹备工作，深入基层指导合作社特别是示范社、联合社建设。截止到2013年，北京市工商登记注册的农民专业合作社发展到5666家(其中专业联合社12家)，比2012年的5179家增加487家。合作社

正式登记注册的合作社成员15.4万名，辐射带动农户46万户，占北京市从事一产农户总数的近3/4。合作社资产总额65.4亿元，其中成员出资额24.6亿元。2013年合作社总收入108.3亿元，实现盈余8.5亿元。

新型集体经济组织股份分红水平持续增长。2013年北京市有1267个村集体经济组织实现股份分红，分红村数量比上年增加194个，增长18.1%。分红村占已改制村集体经济组织的32.9%，比上年提高4.7个百分点。股份分红总金额34.8亿元，比上年增加11.2亿元，增长47.5%。

（三）农民收入快速增加

郊区农村劳动力就业结构进一步优化。2013年，郊区农村劳动力185.3万人，同比减少9553人，同比下降0.5%。其中，已就业劳动力173.7万人，同比减少7655人，同比下降0.4%。已就业劳动力占劳动力总数93.7%，郊区农村从事一、二、三产的劳动力数量见表7-3，郊区农村劳动力就业岗位继续由一产向三产转移，就业结构进一步优化。[81]

农民收入水平较快增长。2013年，郊区农民人均所得为15736元，同比增长9.4%，农民从第三产业获取的所得比重达63.1%。从产业和行业看（表7-3），第三产业贡献率最高。各经营层次中，从家庭经营获取的人均劳动所得最多，为12642.9元，所占比重为80.3%；各行业中，从服务业获取的人均劳动所得最多，为4298.2元，所占比重为27.3%。

表7-3 郊区农村经济总收入中主营业务收入中三次产业收入明细

项 目	京郊农村经济发展中的劳动力			京郊农民从三次产业中获得的经济收入		
	劳动力(万人)	所占比例	同比提高	经济收入(元)	所占比例	同比提高
第一产业	46.3	26.7%	-0.5%	2666	16.9%	-0.4%
第二产业	38.6	22.2%	-0.2%	3145	20%	-0.5%
第三产业	88.8	51.1%	0.6%	9925	63.1%	1.1%
总 计	173.7	100%		15736	100%	

城乡相对收入差距进一步缩小。2013年，北京市城镇居民人均可支配收入40321元，同比增长7.1%。农村居民人均现金收入18337元，同比增加1861元,增长11.3%，扣除物价因素后，实际增长7.7%（表7-4）。[82] 尽管城乡居民收入水平还存在一定差距，但农民纯收入增长速度连续第5个年头超过城镇居民可支配收入增长速度，年平均领先1.5个百分点。2013年，城乡收入比由上年的2.21下降到2.20，相对收入差距进一步缩小。 据抽样调查数

[81] 2013年北京农村经济运行情况分析报告．北京市农村工作委员会网站．2014-03-13. http://www.bjnw.gov.cn/cxyth/zhjj/201403/t20140310_330233.html
[82] 北京市统计局 国家统计局北京调查总队 .北京市2013年国民经济和社会发展统计公报

据显示，2013年，北京市农村居民四项收入构成中，工资性收入的比重占到65.6%，转移性收入所占比重为 18.8%，二者合计对纯收入的贡献率为109.7%，拉动收入增速12.3个百分点[83]。

表7-4　2010—2013年城镇、农村居民人均可支配收入对比分析

年　份	城镇居民人均可支配收入		农村居民人均纯收入	
	收入(元)	实际增长率	收入(元)	实际增长率
2003	13882.6	11.2%	6496.3	11.5%
2004	15637.8	11.5%	7172.1	9.2%
2005	17653.0	11.2%	7860.0	8.1%
2006	19978.0	12.2%	8620.0	8.7%
2007	21989.0	11.2%	9559.0	8.2%
2008	24725.0	7.0%	10747.0	6.5%
2009	26738.0	9.7%	11986.0	13.4%
2010	29073.0	6.2%	13262.0	8.1%
2011	32903.0	7.2%	14736.0	7.6%
2012	36469.0	7.3%	16476.0	8.2%
2013	40321.0	7.1%	18337.0	7.7%

资料来源：北京市2013年国民经济和社会发展统计公报

图7-1　2013年北京市农村居民四项收入来源构成

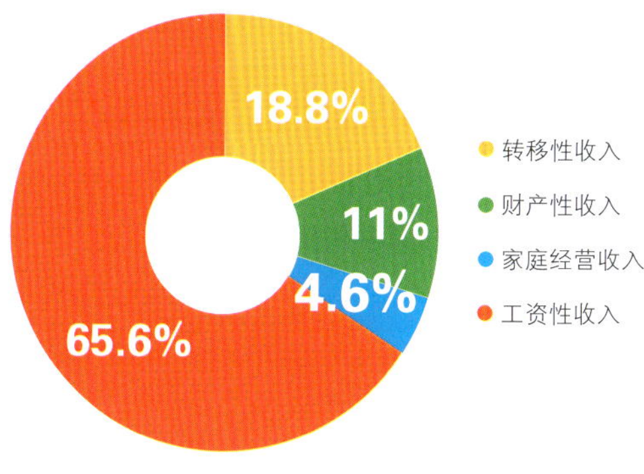

[83] 北京市统计局，国家统计局北京调查总队．2013年北京农村居民生活主要数据解读．2014-06-18. http://www.bjstats.gov.cn/sjjd/jjxs/201406/t20140618_274961.htm

链接 30 “农民人均所得”和“农民人均纯收入”

“农民人均所得”，通常称“农民人均经营性纯收入”，即农民年内从事各种经营和劳务所获得的总收入,在作了相应的扣除后,实际得到的可以支配的收入。

“农民人均纯收入”指农村住户当年从各个来源得到的总收入相应地扣除所发生的费用后的收入总和。反映一个地区或一个农户农村居民的平均收入水平,与城镇居民可支配收入相对应，是按照国家统计局农村住户调查方案开展农村住户调查取得。

一般来说，“农民人均所得”比“农民人均纯收入”低，原因在于：

（1）统计人数不一致。“农民人均纯收入”统计的是在人口普查区内经常居住的人数，包括常住该地而临时外出的人口,不包括临时寄住的人口；而“农民人均所得”统计的是户口在农村，并与乡村集体经济组织有所属关系的常住人口，即汇总农户中的农村人口。

（2）对收入的统计范围不一致。“农民人均所得”不包括“从集体外获得的转移性收入”，即包括在外人口寄回和带回、农村外部亲友赠送、保险赔款、国家救济款、国家发放的残废军人补贴、土地补偿费、退耕还林补贴、种粮农民获得的历史直接补贴、良种补贴及农机补贴等专业性收入净值，而“农民人均纯收入”则包括这些从集体外获得的转移性收入。

二、新型城镇体系建设

（一）继续推进 50 个重点村建设

2013年，北京市坚持把新型城镇化作为治理“城市病”、实现城乡一体化的重要抓手，统筹城乡结合部地区、小城镇和新型农村建设，积极稳妥地推进农村城镇化。50个重点村的城市化改造工程是市委、市政府于2010年初启动的。经过两年的努力，基本上完成了旧村拆迁的任务。2013年，北京市继续推进50个重点村建设，完成了50个村的回迁安置房建设、整建制农转居、集体产权制度改革、拆建还绿等后续工作。

（二）扩大新型农村社区试点建设

2013年，北京农村工作会议指出："要在做好50个重点村产业发展、就业社保、回迁安置、转居工作的基础上，突出抓好城乡结合部地区的规范化管理，推荐社会建设和管理。" 2013年，北京对市级新型农村社区试点相关资料进行审核，着力推进试点工作任务落实；创建农村典型示范社区，新型农村社区建设试点增加到30个，并继续举行了"最美乡村"评选活动，激励带动了一批乡村的建设；探索培育城乡结合部农村社区、乡镇中心村社区、传统农村地区等不同类型的农村社区建设模式。

（三）推进重点镇建设

在建设新型城镇的过程中，融入科技的力量，加强重点小城镇的建设以带动城镇的建设与发展。

2013年3月13日，房山区统筹城乡新型城镇化良乡示范区项目正式启动。该项目总体策划包括国际智慧产业新城、国际田园风情宜居新城、国际养老度假公园、国际现代农业基地、国际生态农民新村五个板块。项目整体建设周期为8到10年，项目预计总投资为900亿元，旨在全国树立一个城乡一体化的典型范例，在北京打造一个新型城镇化的示范新城，在房山建设一个独具特色的"都市庄园"。

2013年9月17日密云县"华润希望小镇新农村建设科技示范工程"课题顺利通过验收，成功打造了自然、城镇与农民互相融合的华润希望小镇。希望小镇的顺利建设对保障生态涵养发展区和全国生态文明建设试点地区的顺利建设，以及库区经济、社会与环境的可持续发展都具有重要的意义。

链接 31　密云县华润希望小镇

"密云县华润希望小镇新农村建设科技示范工程"以宜居生态、利于产业发展、提高可再生能源利用率、降低能耗为出发点，通过组织设计，实现节能、新型能源产品与建筑的有效结合，以及广泛应用先进农村景观设计技术美化绿化环境，是一批集"新户型、新能源、新建材"为一体的生态民居示范工程。运用新型墙体材料和新能源技术，解决民居防火、抗震和冬季采暖等问题，并降低建筑成本；运用新材料建设雨水回用系统、采用新型污水处理技术，多方位支撑生态民居科技示范区建设；引进新品种、新技术进行生态村落建设，全面展示科技对新农村建设强有力的支撑作用。

三、城乡基本公共服务均等化建设

城乡基本公共服务均等化建设是城乡统筹的重要内容，也是城乡一体化发展的重要标志。2013年，城乡一体化发展的背景下，北京城乡基本公共服务均等化建设也迈出了一大步；完成固定资产投资141亿元，增长15%。新城和重点镇建设全面推进，水、点、路等基础设施加快建设，城市功能更加完善。[84]

（一）城乡医疗服务一体化

2013年，北京探索“支出型”贫困群体的救助措施，完善城乡一体的医疗救助制度；起草《关于进一步完善城乡特困人员医疗救助制度的意见》，整合完善医疗救助政策，加大医疗救助力度，推行“一站式”医疗救助服务，强化救助资金使用管理。2013年，北京市为门头沟、房山、昌平、平谷、怀柔、密云、延庆等7个山区、半山区中医医院各配备1辆诊疗车和1辆药品车，每周巡诊不少于3次，解决了边远地区群众看病难问题。[85]

（二）城乡教育设施一体化

2013年，北京市继续支持在城乡结合部和郊区改造或建设中小学，增加30所中小学，进一步改善办学条件；支持三帆中学朝阳学校、清华附中永丰学校、北师大附中平谷马坊分校等30所城乡结合部和郊区中小学改造或建设，所有学校均已完成年度招生任务，并于9月1日正式开学。

[84] 2014年北京政府工作报告．首都之窗．
http://www.bjstats.gov.cn/zwgk/zywj/201401/t20140128_267187.htm
[85] 2013年本市为群众拟办的32件重要实事全面落实．北京市人民政府办公厅官方网站．
http://www.beijing.gov.cn/szfbgt/zyss/t1337213.htm

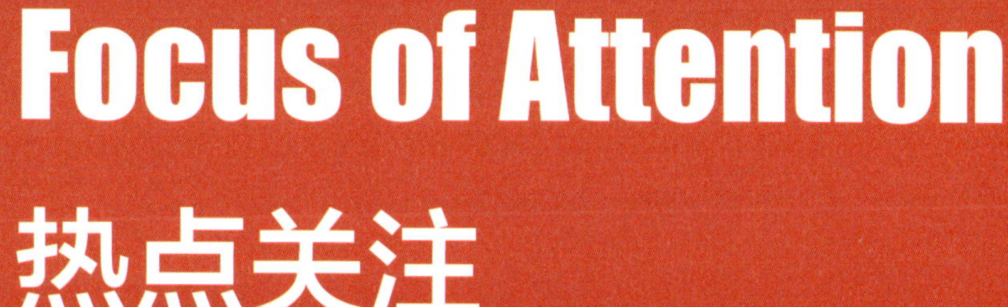

Focus of Attention

热点关注

一、京津冀合力联防联治大气污染

2013年，京津冀三地在大气污染联防联治层面形成合力，为解决雾霾问题提供新的理念和突破。

（一）京津冀区域发展状况

京津冀区域在全国经济格局中占有重要地位，被认为是中国经济增长的“第三极”；同时，经济快速发展也带来了严重的空气污染问题。

京津冀区域是中国经济增长的“第三极” 京津冀土地面积21.6万平方公里，仅占全国的2%，但是总人口达10860.5万，占全国的7.98%；2013年地区生产总值达62172亿元，占全国的10.9%；社会消费品零售总额达23661.8亿元，占全国的9.9%；进出口总额达6124.8亿美元，占全国的14.7%。[86] 京津冀已经成为继长三角、珠三角之后，第三个最具活力的城市群。

表8-1 2013年京津冀经济发展数据

	北京市	天津市	河北省
2013年地区生产总值(亿元)	19500.6	14370.16	28301.4
比上年增长	7.7%	12.5%	8.2%
人均地区生产总值(元)	92210	101692	38596
第一产业增加值(亿元)	161.8	188.45	3500.4
第一产业增加值比重	0.83%	1.31%	12.37%
第二产业增加值(亿元)	4352.3	7276.68	14762.1
第二产业增加值比重	22.32%	50.64%	52.16%
第三产业增加值(亿元)	14986.5	6905.03	10038.9
第三产业增加值比重	76.85%	48.05%	35.47%

资料来源：北京市2013年国民经济和社会发展统计公报
天津市2013年国民经济和社会发展统计公报
河北省2013年国民经济和社会发展统计公报

[86] 京津冀2013年经济发展情况．北京日报．2014-03-28.
http://www.beinet.net.cn/topic/yth/shushuo/201403/t7512104.htm

京津冀区域内部经济发展总量和速度不平衡 按常住人口计算，2013年天津市人均地区生产总值达101692元，位居全国第一，是河北的2.6倍；北京市人均地区生产总值达92210元，是河北的2.4倍。河北的第一产业增加值达3500.4亿元，北京为161.8亿元，天津为188.45亿元，京津第一产业增加值加起来仅相当于河北的十分之一；天津和河北省第二产业增加值的比重均超过50%；2013年北京第三产业增加值比重为76.85%，居全国第一，北京第三产业比重是河北的2.1倍，是天津的1.6倍。天津市和河北省的第三产业增加值比重为48.05%和35.47%，而全国的比重为46.1%。

京津冀区域空气污染严重 根据环境保护部发布的2013年度全国74个城市和重点区域空气质量状况，京津冀区域空气污染最重。京津冀13个城市中，有11个城市排在污染最重的前20位，其中有7个城市排在前10位，部分城市空气重度及以上污染天数占全年天数40%左右。污染的复合型特征突出。传统的煤烟型污染、汽车尾气污染与二次污染相互叠加，部分城市不仅PM2.5和PM10超标，NO_2、O_3也存在不同程度超标现象。[87]

因此，跨地区合作、联合防治大气污染成为京津冀解决空气污染的必然选择。

链接 32　环境空气质量标准对比

世界卫生组织(WHO)规定PM2.5准则值为10μg/m³，年均浓度达到35μg/m³时，人患病并致死的几率将增加。该规定为各国各地区选取适合本国国情的目标值奠定了基础。

2012年2月，中国环境保护部发布了《环境空气质量标准》（GB3095-2012），依照世界卫生组织建议的过渡期标准增设了PM2.5 的浓度限值，即年平均浓度限值大于等于35μg/m³，24小时平均浓度限值大于等于75μg/m³。这项新标准分期实施， 2012年在京津冀、长三角、珠三角等重点区域以及直辖市和省会城市实施， 2016年1月1日起，全国实施新标准。

中国与WHO空气质量准则中PM2.5的比较

项　目	中国		WHO过渡期			WHO准则值
	一级	二级	目标一	目标二	目标三	
日平均浓度限值	35	75	75	50	37.5	25
年平均浓度限值	15	35	35	25	15	10

[87] 2013年京津冀区域空气污染最重 最差前10有7城．中国新闻网．2014-03-25. http://www.chinanews.com/gn/2014/03-25/5990027.shtml

（二）国务院对京津冀协同发展的要求

2013年，华北地区大面积雾霾促使京津冀协同发展进入中央视野。2013年8月，习近平总书记在北戴河主持研究河北发展问题时，提出要推动京津冀协同发展。此后，习总书记多次就京津冀协同发展做出重要指示。“在区域复合型大气污染面前，任何一个地区都不可能独善其身”，京津冀“大气污染联防联控”将成为三地合作的“优先领域”。[88] 京津冀等地的大气污染防治随之被放置在国家战略层面被重新审视。[89]

（三）京津冀在行动

2013年8月23日，北京市环保局发布了《2013—2017年清洁空气行动计划》，提出空气质量改善目标，并提出69项治理措施。预计未来5年北京治理大气全社会将投入资金近万亿元，其中政府投入约2000亿—3000亿元。北京清洁空气行动计划明确将“挥发性有机物”(VOC)纳入总量控制，并制定减排核算细则。《2013年北京清洁空气行动计划》明确提出“推进区域大气污染联防联控机制建设”。[90]

2013年9月，中国政府把大气污染治理提到了前所未有的高度，国务院颁布了《大气污染防治行动计划》（简称《大气十条》）（国发〔2013〕37号）。京津冀及周边地区由于重工业较多、结构性污染突出，已成为全国大气污染最严重的区域。为了加大京津冀及周边地区大气污染防治工作力度，切实改善环境空气质量，9月18日，京津冀及周边地区大气污染防治工作会议在北京召开。环境保护部与北京、天津、河北、山西、内蒙古、山东等6个省区市人民政府在会上签订了大气污染防治目标责任书。环保部发布《京津冀及周边地区落实大气污染防治行动计划实施细则》，从实施综合治理，强化污染物协同减排、统筹城市交通管理，防治机动车污染、调整产业结构，优化区域经济布局、控制煤炭消费总量，推动能源利用清洁化、强化基础能力，健全监测预警和应急体系、加强组织领导，强化监督考核6个方面加强空气污染的区域联防联控。力争再用5年或更长时间，逐步消除重污染天气，空气质量全面改善。

在加大大气污染治理力度的同时，针对可能发生的空气重污染，将采取更为严格的应急措施，以减缓污染程度，保护公众健康，2013年10月22日北京市制定了《北京市空气重污染应急预案（试行）》。[91] 10月23日，由六省区市和中央七部委协作联动的京津冀及周边地区大气污染防治协作机制，在北京实质性启动。“责任共担、信息共享、协商统筹、联防联控”，在重污染持续过程中，京津冀和相关部委加强空气质量的会商预报，互通信

[88] 京津冀协同发展“大气污染联防联控”优先合作．人民日报．2014-03-03.
http://tj.sina.com.cn/city/fbtj/2014-03-03/094969952.html
[89] 大气污染倒逼京津冀“环保一体化”先行．第一财经日报．2014-07-16.
http://finance.qq.com/a/20140716/002855.htm
[90] 京津冀治理大气污染或将有统一措施．京华时报．2013-04-08.
http://hebei.sina.com.cn/news/m/2013-04-08/072643578.html
[91] 北京市空气重污染应急预案(试行)．首都之窗．2013-10-22.
http://zhengwu.beijing.gov.cn/yjgl/yjya/t1328745.htm

息，分别按预案启动重污染应急措施，协作机制发挥了积极作用。

2013年，六省区市落实《大气污染防治行动计划》开局良好，但解决大气污染非一日之功，需要一个过程。国内外大气污染防治历程表明，解决严重的大气污染问题，是一项长期而艰巨的工作。

二、人口老龄化与养老产业

随着人们生活水平的不断提高和医疗能力的提升，以北京为代表的中国人口老龄化在21世纪前十年不期而至，且日趋显著。

（一）北京人口老龄化加速

北京于1990年步入老龄化社会，人口老龄化始终处于加速发展之中。2013年末北京市常住人口2114.8万人，60岁及以上常住人口292.9万人，占北京市常住人口的13.9%，其中65岁及以上人口194.5万人，占北京市常住人口的9.2%（表8−2）。[92] 据国际惯例，一个国家或地区人口中60岁及以上人口所占比例超过10%或65岁及以上人口所占比例超过7%，该国家或地区就属于人口老龄化国家或地区（表8−3）。北京人口老龄化具有老年人口数量多、老龄化速度快、高龄趋势明显的特点，而养老机构的供给却严重不足，养老产业及相关养老服务业还处于起步阶段，养老机构、养老地产领域供需严重不平衡。

养老产业是一个很庞大的产业链，涉及老年护理服务和设施行业、旅游、金融等领域。仅护理方面，目前国内护理人员存在极大缺口，按平均每3位老人需要1名护理员推算，保守估计需要养老护理人员超千万，而国内现有养老护理员仅数十万人。

表8−2　2013年末北京市常住人口及构成

指　标	年末数(万人)	比　重
常住人口	2114.8	100.0%
按年龄组分：0—14岁	200.1	9.5%
15—59岁	1621.8	76.6%
60岁及以上	292.9	13.9%
其中：65岁及以上	194.5	9.2%

[92] 北京常住人口达2114.8万 外来人口近四成．新京报．2014−06−19. http://www.bjnews.com.cn/feature/2014/06/19/321556.html

表8-3 北京市老人比例与老龄化社会标准对比

	60岁及以上老人比例	65岁及以上老人比例
北京2013年	13.9	9.2
老龄化社会标准	≥10%	≥7%

资料来源：北京市统计局，国家统计局北京调查总队．北京统计年鉴2013

（二）北京推动养老产业发展的计划与行动

人口老龄化推动养老产业的兴起与发展，2013年北京市相继出台一些计划和实施意见，从多个角度关注城市养老问题的解决。

1. 养老设施用地将纳入年度建设用地供应计划

从2013年起，养老设施用地纳入北京市年度国有建设用地供应计划，并且养老用地的多少将落实到用途结构表中。北京市国土局通过财政、土地供应等政策支持手段，吸引社会资本投资养老机构建设，并根据养老机构的性质，实施不同的土地供应方式，明确产权持有方式，为未来养老产业发展提供新的模式。

2. 北京等四个城市获准试点“以房养老”

2013年6月23日，保监会召开新闻发布会，公布《中国保监会关于开展老年人住房反向抵押养老保险试点的指导意见》，对于申请试点资格的保险公司的偿付能力做出了要求：申请试点时上一年度末及最近季度末的偿付能力不低于120%。获得“以房养老”政策试点的地区有北京、上海、广州、武汉等四地，试点期限自2014年7月1日起至2016年6月30日止。[93]

3. 北京推行微型养老院

2013年10月14日，北京市西城区下发《进一步加强养老服务工作的实施意见》，提出未来将在每个街道修建不同类型的养老机构，完善区、街道、社区三级养老服务中心（站）建设。街道根据地区老年人口的规模，通过改建、扩建、新建以及资源共享等形式，建设一批位置适宜、规模适中、具备日间照料功能、辐射周边社区的街道养老服务中心，即微型养老院。在新建的安置小区配建相应的养老服务设施，支持有资质、有实力的企业建养老机构。同时，保障基本养老服务纳入绩效考核，建立评价指标体系。

4. 北京积极酝酿出台养老机构指导价

目前民营养老机构普遍按市场价格自行定价，价格体系混乱。针对此现状，北京市民政部门积极酝酿通过梳理获得政府补助的民办非营利性养老机构成本构成以及动态变化情况，推出养老机构指导价，使民营养老机构的价格更为合理。凡政府投资建设的养老院、民间资本投资建设的非营利性养老院，养老服务收费将实施政府指导价，按运营成本核算养老服务费用，降低市民入住养老院的门槛。

[93] 北京等4城市下月起试点以房养老．北京晚报．2014-06-23. http://finance.ifeng.com/a/20140623/12591598_0.shtml

Working Keypoints

2014年工作要点

一、主要预期目标

经过多年发展，北京已经成为现代化国际大都市，经济社会发展活力、综合竞争力、国际影响力持续增强，但在长期快速发展中也积累形成了比较明显的“城市病”，解决体制性结构性矛盾，缓解发展不平衡、不协调、不可持续的问题更为迫切。

2014年是全面贯彻落实党的十八届三中全会精神、全面深化改革的第一年，改革任务繁重艰巨，外部环境复杂多变。北京市必须坚持稳中求进、改革创新，着力激发发展活力，着力破解城市发展难题，着力强化创新驱动，着力推进新型城镇化，着力保障和改善民生，着力加强精细化管理，推动首都经济持续健康发展，保持社会和谐稳定。

北京市经济社会发展主要预期目标是：

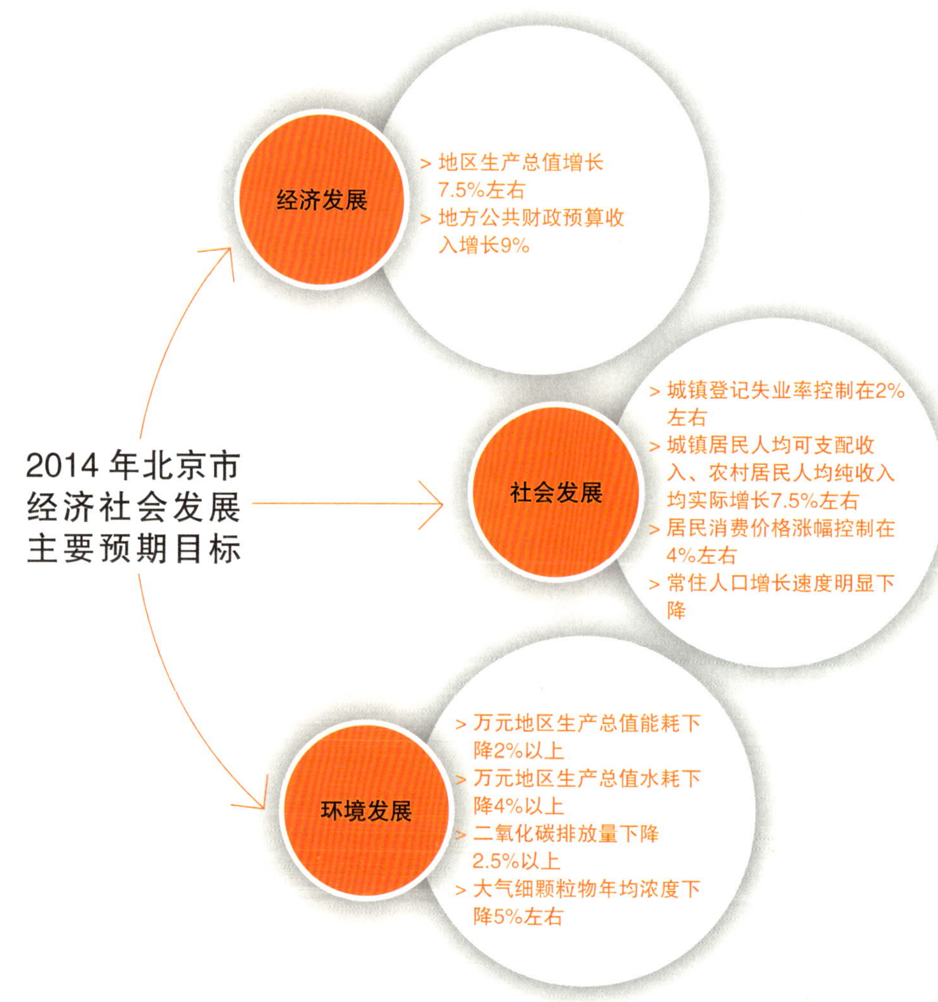

二、重点工作

围绕实现2014年经济社会发展目标，要着重抓好以下几个方面的工作：

（一）着力激发发展活力，全面深化改革

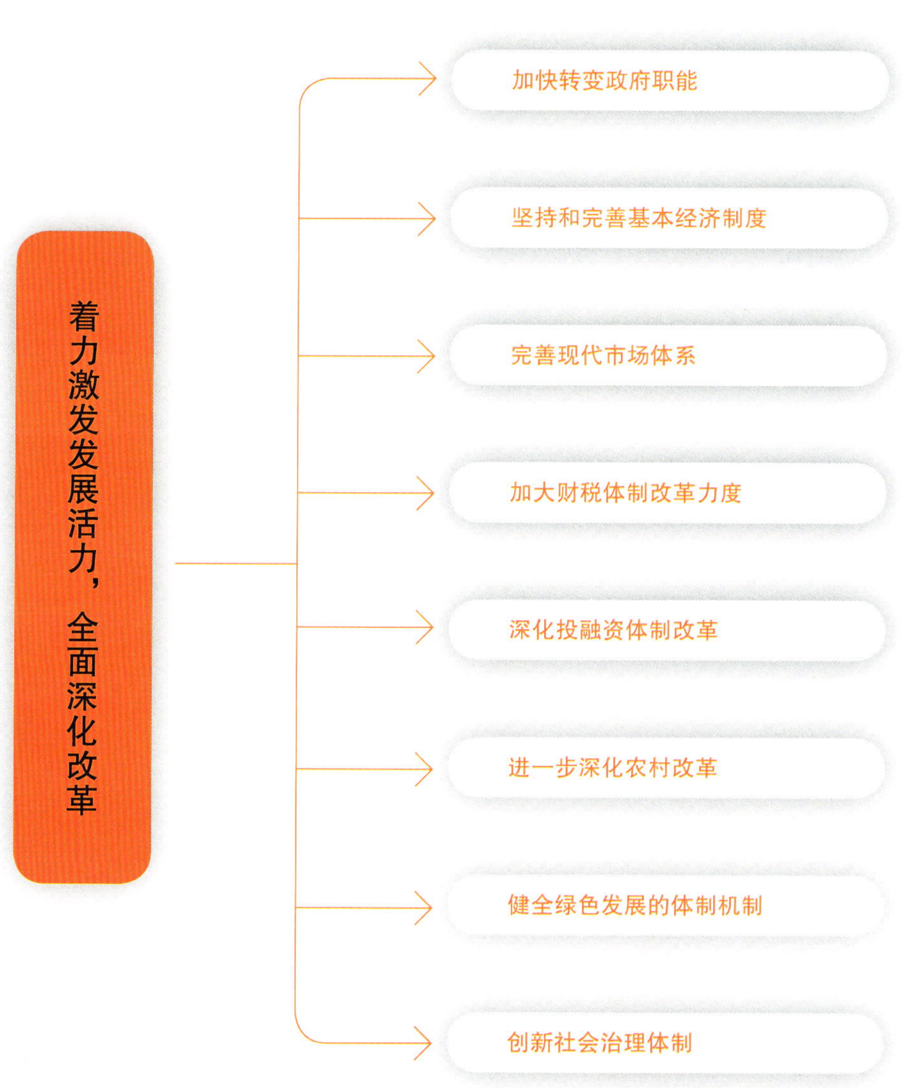

（二）破解城市发展难题，不断提高可持续发展水平

破解城市发展难题，不断提高可持续发展水平

加强人口规模调控

- 一是加强统筹协调
- 二是抓好产业调控
- 三是强化以房管人
- 四是改进服务管理

全力治理大气污染

- 改造燃煤锅炉，加快治理城乡结合部和农村地区原煤散烧
- 压缩小客车年度配置指标，逐年增加新能源汽车比重，基本淘汰黄标车
- 严管施工现场和渣土运输，大幅减少扬尘污染
- 继续抓好大尺度森林和森林廊道建设
- 加快推进气象现代化，开展细颗粒物成因研究和减排关键技术攻关，抓好重污染日应急预案实施
- 加强宣传教育和舆论引导

着力推进垃圾污水治理

- 全面实施三年行动计划
- 落实污染源头治理责任，加强企业污染源监管
- 健全垃圾处理体系和全过程管理体系

增强资源能源保障能力

- 坚持最严格的水、土地资源管理制度
- 全面推进南水北调配套工程
- 加快构建综合防洪排涝体系
- 加强能源供应的调度和储备，增强供气、供电保障能力
- 积极发展绿色建筑
- 推广应用节水节能新产品、新技术

深入推进区域合作发展能力

- 落实国家区域发展战略，建立健全区域合作发展协调机制
- 提高市场化合作水平，促进区域资金、人才、信息、技术等各种要素的优化配置
- 着力推进基础设施互联互通，促进交通一体化
- 健全大气污染联防联控合作机制
- 整体构建区域生态环境屏障
- 继续推进对口支援和帮扶协作

（三）着力强化创新驱动，加快推进经济结构调整

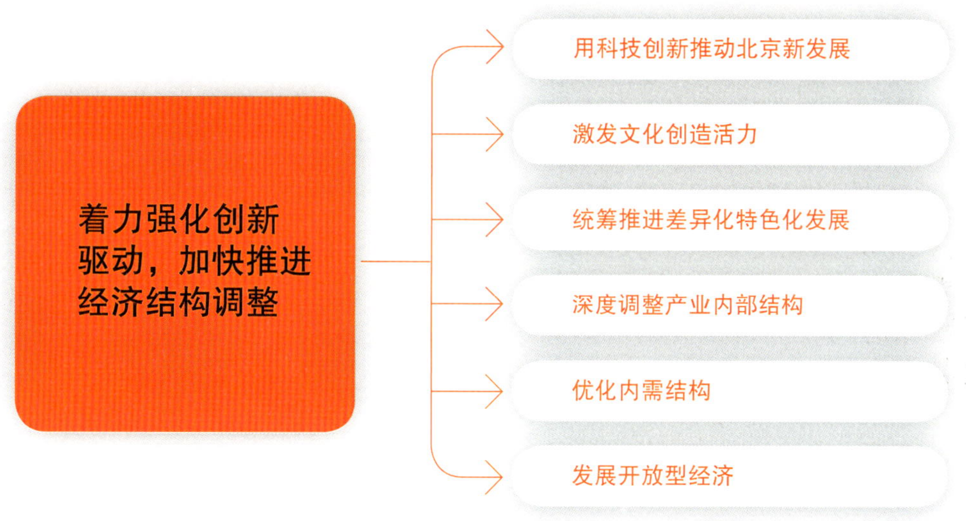

（四）着力推进新型城镇化，率先形成城乡发展一体化新格局

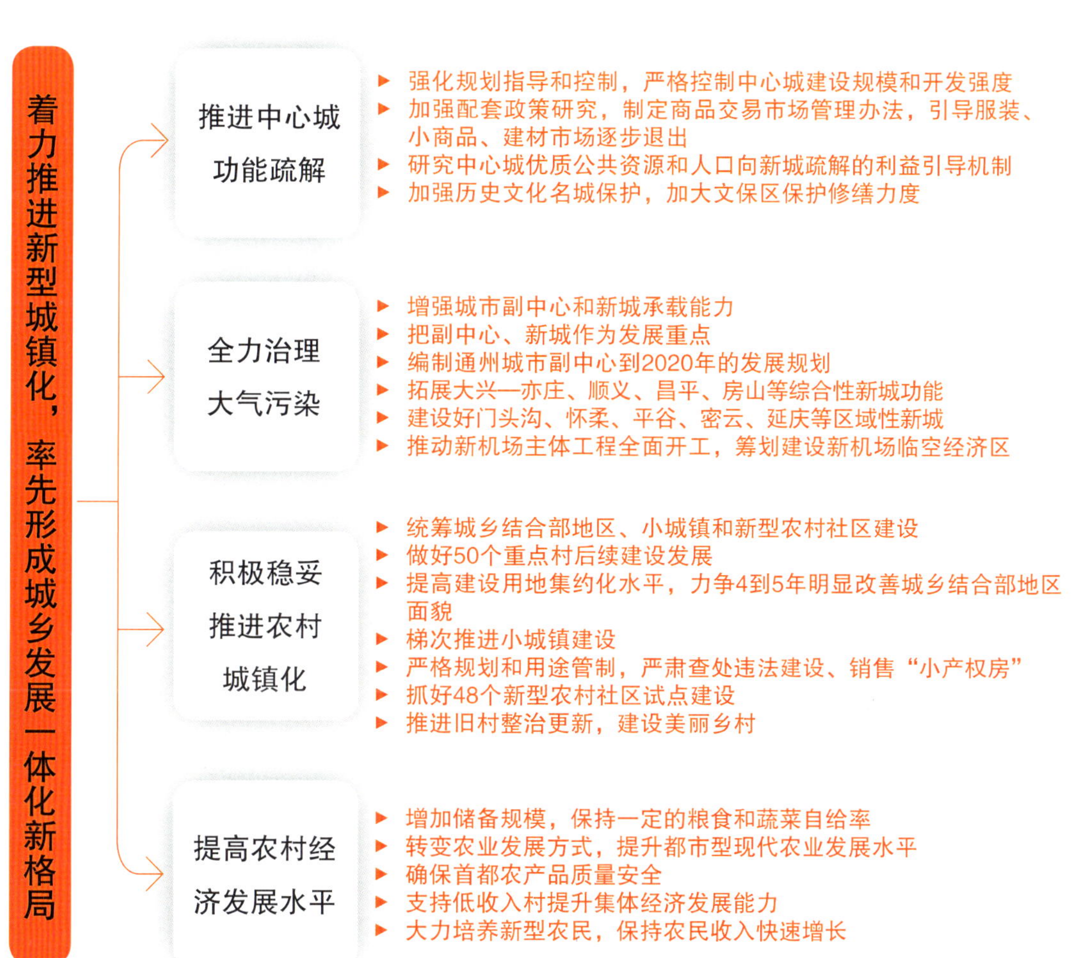

（五）着力保障和改善民生，不断增进人民群众福祉

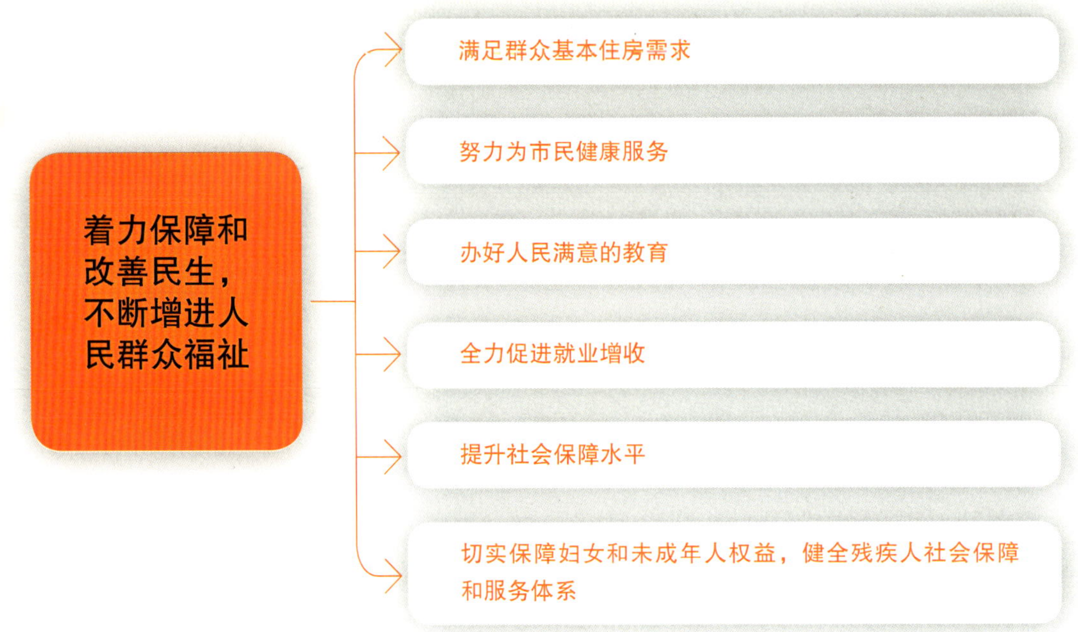

（六）着力加强精细化管理，提升城市服务保障水平

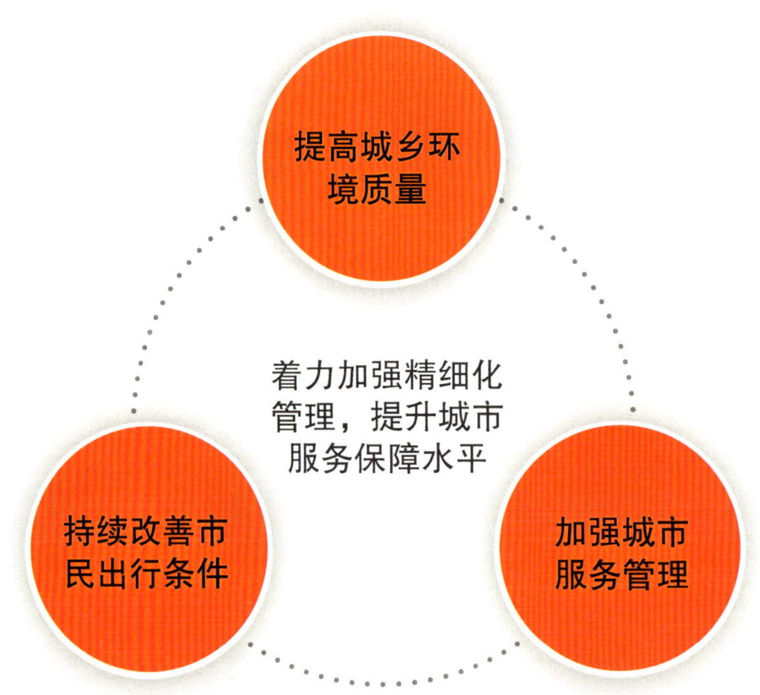

附录1：

2013年北京城市发展大事记

一月
January

1月1日　北京市环保局按照国家新的《环境空气质量标准》开展监测PM2.5等6项污染物的数据，对空气质量状况做出评价。

1月4日　北京市住房公积金管理中心发布《关于调整“二套住房”住房公积金个人贷款人均住房建筑面积标准的通知》。《通知》规定，今后购买第二套住房的贷款发放对象，仅限于现有人均住房建筑面积低于29.4平方米（不含）的缴存职工家庭。

1月12日　北京地区持续遭受雾霾天气，空气质量达到严重污染级别。据市环境保护监测中心发布，北京天坛、东四环等监测点PM2.5指数一度接近每立方米900微克，西直门北监测点最高达每立方米993微克。

1月15日　海淀区13个小区试行“市场化公租房”。政府从单个房主手中筹集公租房，“收一套租一套”，缩短被保障家庭等待时间。

1月21~25日　政协北京市十二届第一次会议举行。会议通过《中国人民政治协商会议北京市第十二届委员会第一次会议关于十一届常务委员会工作报告的决议》《中国人民政治协商会议北京市第十二届委员会第一次会议政治决议》。会议选举吉林为政协北京市第十二届委员会主席，沈宝昌、唐晓青、陈平、赵文芝、傅惠民、葛剑平、王永庆、马大龙、蔡国雄、闫仲秋为副主席。

1月22~28日　北京市第十四届人民代表大会第一次会议举行。会议通过《北京市第十四届人民代表大会第一次会议关于北京市人民政府工作报告的决议》《北京市2012年国民经济和社会发展计划执行情况与2013年国民经济和社会发展计划的决议》。会议选举杜德印为北京市第十四届人民代表大会常务委员会主任，梁伟、柳纪纲、刘新成、李昭玲、唐龙、孙康林为副主任；王安顺为市长，李士祥、苟仲文、鲁炜、丁向阳、陈刚、程红、张工、林克庆、张延昆为副市长；慕平为市高级人民法院院长，池强为市人民检察院检察长。

1月25日　《北京日报》报道，东城区菊儿社区公众参与社区规划实践项目，获得2012年迪拜国际改善居住环境最佳范例奖。

1月28日　积水潭医院回龙观院区开诊，老院区正式更名为北京积水潭医院新街口院区。回龙观院区医疗服务为综合科室全覆盖，而新街口院区将以骨科为主。

1月29日　北京市政府召开全市电视会，紧急部署空气重污染日应急工作。会议决定，空气严重污染时启动更加严格的大气污染应急减排措施：削减机动车污染排放，削减工业污染排放，削减扬尘污染排放，削减燃煤污染排放。

二月 February

2月1日　北京实施京五机动车排放标准。

2月3日　北京男子排球队首次获得全国男排联赛总冠军。

2月26日　香港大公报北京分社成立。

三月 March

3月5~17日　第十二届全国人民代表大会第一次会议在北京举行。会议通过《关于政府工作报告的决议》《关于2012年国民经济和社会发展计划执行情况与2013年国民经济和社会发展计划的决议》，批准国务院机构改革方案；选举习近平为中华人民共和国主席、中华人民共和国中央军事委员会主席，张德江为第十二届全国人民代表大会常务委员会委员长，李源潮为中华人民共和国副主席，李克强为国务院总理，周强为最高人民法院院长，曹建明为最高人民检察院检察长。会议决定新一届国务院组成人员，张高丽、刘延东、汪洋、马凯为国务院副总理，杨晶、常万全、杨洁篪、郭声琨、王勇为国务委员。

3月8日　北京地铁日客流量达1027.54万人次，首次突破1000万人次大关；超过莫斯科日均800万到900万人次的客流量，成为世界上运力最大的地铁。

3月21日　全国绿化委员会、国家林业局在通州区举办以“保护发展森林资源，携手共建美丽中国”为主题的“国际森林日”植树纪念活动。来自联合国、外国使领馆和国际组织的代表、国家和北京市相关部门的代表、驻京部队指战员参加了纪念仪式和植树活动。

3月26日　奥林匹克公园获得国家旅游局授牌，成为北京第8家国家5A级旅游景区。

3月28日　首都生态文明和城乡环境建设动员大会召开，就集中整治大气污染、污水、垃圾、违法建设这四大城市环境“顽疾”进行深入动员。市委书记郭金龙在会上强调，要动员全社会力量，深入推动首都生态文明建设，让北京天更蓝、地更绿、水更净；并要求今后重点做好加强统筹规划和顶层设计、创新管理体制、创新投融资体制、依靠科技创新、依靠中央单位和驻京部队的大力支持等五个方面的工作，统筹推进首都生态文明和城乡环境建设。

3月30日　北京市人民政府办公厅发布《贯彻落实国务院办公厅关于继续做好房地产市场调控工作的通知精神进一步做好本市房地产市场调控工作的通知》。通知要求，进一步降低自住型、改善型商品住房的价格，逐步将其纳入限价房序列管理；继续严格落实商品住房限购措施，京籍成年单身人士在北京拥有1套及以上住房的，暂停向其出售住房；充分发挥税收政策的调节作用，对个人转让住房，应依法严格按个人转让住房所得的20%征收个人所得税，出售5年以上唯一住房免征个税；进一步提高二套房贷首付比例。

四月
April

4月1日　北京市首座垃圾渗沥液无害化处理厂在丰台区北天堂正式投产。

4月2日　党和国家领导人习近平、李克强、张德江、俞正声、刘云山、王岐山、张高丽等到北京市丰台区永定河畔参加首都义务植树活动。

4月8~10日　北京市代表团赴山西省学习考察，京晋双方签署《关于深化落实〈区域合作框架协议〉的实施意见》和6个专项协议，为全面深化在能源、工业、金融、商贸、科技、旅游等多领域、多层次的经济社会合作明确了方向和任务，以进一步推动两地的交流合作、科学发展。

4月10日　清华大学宣布，中国科学家在世界上首次发现量子反常霍尔效应。

4月12日　北京市发现首例人感染H7N9禽流感疑似病例。

同日　北京市政府召开防控H7N9禽流感工作会。会议要求，立即启动人感染H7N9禽流感防控指挥部；严格取缔各类有形无形的活禽市场，停止活禽交易，停止信鸽放飞；卫生部门加强对医疗机构和高危人群流感样病例的监测，对流感样病例实施人感染H7N9禽流感病毒筛查。

4月16~23日　第三届北京国际电影节举行。本届电影节举办了“天坛奖”评选、北京展映、电影嘉年华等七大主题活动，展映了260部国内外影片。

4月17日　2013年北京市节能降耗及应对气候变化工作会召开。会议强调，要将节能减碳工作摆在生态文明建设更加突出的位置，在精细化管理、市场机制创新、提高科技支撑能力、提升发展质量效益、调动全民参与上不断开拓创新，取得绿色低碳发展新突破。

4月20日　四川省雅安市芦山县发生7.0级地震，造成重大人员伤亡和财产损失。中共北京市委、市政府向四川省委、省政府发出慰问电，并向灾区捐赠人民币500万元。

4月24日　首都统一战线召开纪念中共中央发布“五一口号”65周年座谈会。会议强调，“五一口号”的发布，是中国统一战线和多党合作发展史上的重要里程碑。65年来，在中共北京市委和各民主党派、无党派人士的共同努力下，北京市多党合作事业取得了长足进步，在首都建设发展进程中发挥了十分重要的作用。

4月26日　法国皮诺家族在北京宣布，将向中方无偿捐赠流失海外的圆明园铜鼠首和兔首。这是圆明园十二生肖兽首被英法联军掠走后，首次以海外无偿捐赠的方式重返祖国。

4月27日　《北京日报》报道，中共中央批准：吕锡文同志任中共北京市委副书记；吉林同志不再担任中共北京市委副书记、常委职务，鲁炜同志不再担任北京市委常委、委员职务。

4月27~28日　北京市文学艺术界联合会第八次代表大会举行。会议选举张和平为市文联第八届理事会主席。

4月　首都精神文明办公室向市民发出倡议，号召广大市民积极参与，从我做起，携手建设美丽北京，共享生态文明成果。

五月 May

5月5日　北京地铁10号线西南角的泥洼站和丰台站“两站三区间”断点打通，10号线全线贯通；地铁14号线西段（西局至张郭庄）开通试运营。

5月9日　北京市住建委发布《关于规范已购限价商品住房和经济适用住房等保障性住房管理工作的通知》。《通知》规定，未上市转成商品房的产权保障房，不得以投资、投机为由抵押贷款；如果出售未满5年的保障房，则只能按照原价由所在区县住保部门安排其他符合条件的轮候家庭购买，或由政府回购。

5月10日　北京市水务局、市统计局联合发布《北京市第一次水务普查公报》。普查显示，北京共有流域面积10平方公里及以上河流425条，总长度为6413.72公里；湖泊41个，水面面积6.88平方公里，全部为淡水湖；水库88座，总库容93.77亿立方米；地表水水源地12处，地下水水源地83处；城镇供水厂40座，污水处理厂102座。

同日　北京市卫生局在“传承南丁格尔精神·守护生命健康”主题活动上介绍，北京共有7.3万名在岗护士，分布在各级各类医疗机构，平均年龄34岁，女性人数占总数的98%，大学本科以上学历占12%。

5月11日　北汽集团在顺义工厂生产的首款自主品牌B级车“绅宝”正式上市。

5月16日　北京建筑工程学院更名为北京建筑大学。

5月18日　第九届中国（北京）国际园林博览会正式对外开放。

5月20日　西单民族大世界商场停业腾退，进行文物保护修缮。全国重点文物保护单位国立蒙藏学校旧址将原貌重现。

六月 June

6月3日　中共北京市委组织部、市人力资源和社会保障局发布北京市2013年公开招聘聘任制公务员公告，决定面向全国公开招聘6名聘任制公务员，担任市科委、市交通委和北京经济技术开发区管委会等政府部门的高等主管职位。

6月21日　北京市住保办、市保障性住房建设投资中心联合发布5个公租房项目配租公告，启动了本市最大规模跨区域选公租房配租工作。1337套房源涉及丰台、通州、石景山。

6月22日　北京市文物研究所组织专家开启在房山区长沟镇发现的唐幽州节度使刘济墓出土的墓志。

6月28日　北京市命名“五四”运动火烧赵家楼发生地、京报馆旧址、长辛店工人俱乐部旧址、八路军邓华支队司令部旧址等19处遗址遗迹为“北京市爱国主义教育纪念地”。

七月 July

7月18日　北京市住房和城乡建设委员会、市公安局、市规划委、市卫生局联合发布《关于公布北京市出租房屋人均居住面积标准等有关问题的通知》，规定出租房每个房间居住的人数不得超过2人（有法定赡养、抚养义务关系的除外），人均居住面积不得低于5平方米。

7月19日　北京延庆地质博物馆建成开馆。

7月22日　中央电视台新台址演播室和采编部门陆续开始启用。

7月26日　北京市第十四届人民代表大会常务委员会第五次会议任命戴均良、杨晓超为北京市副市长。

同日　北京市市属医院首试“公立医院托管”改革，北京中医医院、北京友谊医院分别托管了顺义中医医院和通州新华医院。

八月 August

8月6日　密云水库管理处水文监测站的数据显示，水库水位达到137.61米，蓄水量12.005亿立方米，11年来首次突破12亿立方米。

8月7日　中科院电工研究所延庆八达岭塔式太阳能聚光光热发电实验电站建成并将并网发电。是为亚洲首座太阳能发电站。

8月9日　北京市气象台发布高温蓝色预警信号，南郊观象台的最高气温在15时达到了35℃，而城区大部分自动监测站最高气温超过36℃。

8月13日　北京孙河水厂和309水厂正式竣工通水。

九月 September

9月2日　北京市环保局发布《北京市2013—2017年清洁空气行动计划重点任务分解》方案，提出要从机动车、工业、燃煤、扬尘等多方面治理大气污染，到2017年，北京市空气质量明显改善；重污染天数大幅减少，空气中PM2.5的年均浓度比2012年下降25%以上，达到每立方米60微克左右。

9月10~12日　2013诺贝尔奖获得者北京论坛在北京举行。共有4位诺贝尔经济学奖、物理学奖获得者及多位国内外著名专家学者参会，共同探讨“新材料和新能源”这一论坛年度主题。

9月12日　朝阳路（京广桥至慈云寺桥）由东向西方向主路内侧潮汐车道开通。

9月13日　国家发改委、民政部发布《国务院关于加快发展养老服务业的若干意见》。《意见》提出：将试点开展老年人住房“反向抵押养老保险”，老人将自己的产权房抵押给金融机构，通过“租房置换”取得一定数额的养老金入住养老院。

9月17日　首都防治大气污染工作动员大会召开，动员全市人民积极行动起来，落实全国《大气污染防治行动计划》，努力在尽可能短的时间内，使首都空气质量取得明显改善。

9月29日　财政部、科技部、国家税务总局等部委联合发布《关于在中关村国家自主创新示范区开展高新技术企业认定中文化产业支撑技术等领域范围试点的通知》。通知规定，对中关村国家自主创新示范区从事文化产业支撑技术等领域的企业，按规定认定为高新技术企业的，可按15%的税率征收企业所得税。这是继“1+6”系列先行先试政策之后，中关村在创新创业政策领域的新突破。

十月
October

10月12日　昌平区延寿寺修复落成。该寺修复完成大雄宝殿、观音殿、地藏殿、天王殿、钟鼓楼的主体工程。

10月23日　北京、天津、河北、山西、内蒙古、山东六省市领导在北京召开了区域协作、联防大气污染会议。会议传达了中央领导同志关于京津冀及周边地区做好防治大气污染工作的重要批示，明确了京津冀及周边地区在大气污染防治方面的协作机制。

同日　北京市发布《北京市空气重污染应急预案》。重污染预警分四级，红色预警时部分工业企业停产和限产，停驶80%公车，单双号限行提前24小时通知，中小学和幼儿园停课。

同日　北京市住建委、市发改委、市财政局、市国土局、市规划委联合发布《关于加快中低价位自住型改善型商品住房建设的意见》。意见规定，只要按照限购政策规定在本市具有购房资格的家庭，就能以低于周边房价30%的价格购买自住型商品住房。但符合条件的家庭，只能购买一套自住型商品房，购房人取得房产证后，原则上5年内不得转让；5年以后转让的，如果有增值，应当将差价的30%交纳土地收益等价款。

10月26日　北京昆曲《红楼梦》在第十届中国艺术节上获“文华奖”。

10月28日　北京再次雾霾弥漫，全市大部分监测站点PM2.5的浓度均超过每立方米200微克。中心城区及南部的房山、大兴、丰台等区域的空气质量处于严重污染水平。

同日　新疆恐怖分子乌斯曼·艾山等3人驾驶吉普车闯入长安街便道，沿途快速行驶故意冲撞游人，造成2名游客死亡，40人受伤。犯罪嫌疑人驾车撞向金水桥护栏，点燃车内汽油致车辆起火燃烧，车内的乌斯曼·艾山等3人当场死亡。29日，北京警方破获“10·28”暴力恐怖袭击案件，抓获5名在逃涉案人员。

10月31日　昌平区阳坊镇拆除建设在集体用地上的13栋楼，共达4万平方米。这是本市拆除的最大违建面积的小产权楼群。

十一月
November

11月2日　由北控集团捐建、京仪绿能公司承建的古巴1兆瓦（1兆瓦=1000瓦）光伏电站并网发电。

11月4日　北京市政府发布《北京市促进慈善事业若干规定》。规定对慈善事业的善款用途、信息公开及募捐流程、法律责任等多个方面做出要求。该《规定》将于2014年1月1日起正式施行。

同日　北京市交通委发布《北京市2013—2017年机动车排放污染控制工作方案》任务分解表，对市民关心的购车摇号指标、新能源车、拥堵费等做了进一步详解。从2014年起，小汽车摇号指标将从每年24万个缩至15万个，且不同类型机动车配比额度会有变化。其中，新能源车的配比率将逐年递增，从最初的每年2万辆逐渐增加到每年6万辆；普通小汽车的“限购令”则将逐年收紧，到2017年每年非新能源车的配比量仅为9万辆。

11月19日　朝阳区小红门乡小武基三队一库房发生火灾，造成12人死亡，4人受伤。20日，北京市召开公共安全工作紧急视频会，会议强调，各区县、各部门、各单位都要吸取这次事故血的教训，深刻反思，以对人民群众生命财产和首都安全稳定高度负责的责任感，严厉打击违法建设违法出租违法经营行为。

同日　北京市政府决定取消和下放113项行政审批事项。这是继2013年8月取消和下放246项审批事项后的又一次简政放权。

11月20日　《北京日报》报道，北京市基层医疗机构诊疗人次已由2008年4121.9万人次上升到2012年的5905.8万人次，约占全市总诊疗人次的30%。其中社区卫生服务机构诊疗人次由2008年的2127.6万人次上升到2012年4086.8万人次，5年平均增幅18.4%。

11月23日　首都市民、志愿者、部队官兵等社会各界代表参加凉水河清淤劳动，启动了城市河道清淤、中小河道治理、南水北调市内配套、再生水厂建设改造、雨洪调蓄以及雨水泵站改造6类首都生态文明水务工程建设。

11月25日　北京汽车集团与江西省省属国有企业资产经营控股公司签订协议，北汽将以受让方式持有江西昌河70%股权，并将昌河汽车打造为北汽合资品牌新基地和自主品牌战略基地。

11月26日　北京市召开房屋违法出租问题治理工作动员部署会议。会议提出，此次专项工作要围绕群众反映强烈的房屋违法出租问题，以整治群租房为重点，按照“属地负责、部门尽责、规范管理、消除隐患”的原则，集中开展房屋违法出租问题专项治理工作。

11月28日　北京市交通委员会公布《北京市小客车数量调控暂行规定（2013年修订）》实施细则。细则规定从2013年起，小客车指标摇号逢双月进行，参与摇号期数越多且从未中过签的人，中签的概率成倍提高。

同日　北京碳排放权交易市场在北京环境交易所开市。中石化燕山公司、北京京能热电股份有限公司石景山热电厂、中信证券投资有限公司与大唐国际北京高井热电厂签订《协议转让合同》。

11月30日　北京市首个自住型商品房项目——位于豆各庄的“御景湾”开始申购。

同日　北京市环保局通报，截至11月底，2013年全市淘汰老旧机动车32.45万辆，一年可减少一氧化碳、氮氧化物、碳氢化合物和颗粒物排放共约11.5万吨。

11月　北京市最长骑行绿道在东郊森林公园建成。该绿道西起金榆路延至温榆河、通州，形成绿道网络，全长7.7公里。

同月　北京市由企业承担的最大的工矿棚户区改造项目京煤集团工矿棚户区改造项目，迎来首批入住的2000余户居民。

十二月
December

12月2日　北京市政府颁布《北京市蔬菜零售网点建设管理办法》。办法规定，新建社区应当配建菜市场，菜市场内用于经营蔬菜的面积不得少于总经营面积的三分之一。

12月10日　河北省唐山曹妃甸液化天然气（LNG）接收站正式向北京及华北地区输送天然气能源。

12月11日　国务院办公厅发布2014年节假日放假安排。根据这一安排，春节和国庆节分别调休放假7天。春节放假起始时间由农历除夕至正月初二恢复为正月初一至初三；元旦放假1天；清明节、劳动节、端午节、中秋节调休或连休放假3天。

12月12~13日　中央城镇化工作会议在北京举行。会议要求，要紧紧围绕提高城镇化发展质量，稳步提高户籍人口城镇化水平；大力提高城镇土地利用效率、城镇建成区人口密度；切实提高能源利用效率，降低能源消耗和二氧化碳排放强度；高度重视生态安全，扩大森林、湖泊、湿地等绿色生态空间比重，增强水源涵养能力和环境容量；不断改善环境质量，减少主要污染物排放总量，控制开发强度，增强抵御和减缓自然灾害能力，提高历史文物保护水平。

12月13日　北京市朝阳区拆除石佛营北京住宅建材市场近4万平方米违法建筑。

12月16日　北京地税2013年各项税费收入首次突破3000亿元，达到3035.1亿元，同比增收202.9亿元，增长7.2%。

12月18日　由中国人民解放军总政治部联络部建设的无名英雄纪念广场在北京西山国家森林公园落成。广场是为纪念20世纪50年代为国家统一、人民解放事业牺牲在台湾的大批隐蔽战线上的无名英雄而建的。

12月19日　首都精神文明建设委员会召开第一次全体会议。会上宣读了关于调整首都文明委组成人员的通知。市委书记郭金龙任首都文明委主任，王安顺任第一副主任。会议审议通过《2014年首都精神文明建设工作要点》。

12月20日　北京航空航天大学成立北京高校首个“北京学院”。“北京学院”是近期北京高等教育重点推动的建设项目之一，由中央高校牵头联合其他名校共同建设，接收北京地区高校学生长期访学或参加辅修专业学习，旨在推动在京中央高校与市属高校的深度合作，促进优质教育资源的开发与共享。

12月21日　地铁9号线军事博物馆站正式启用，实现与1号线的换乘。

12月23日　“北京现代”年销售量突破100万辆大关，累计销量500万辆，创国内乘用车企业最快成长纪录。

12月23~24日　中央农村工作会议在北京举行。会议深入贯彻中共十八大和十八届三中全会精神，全面分析“三农”工作面临的形势和任务，研究全面深化农村改革、加快农业现代化步伐的重要政策，部署2014年和今后一个时期的农业农村工作。会议强调，必须坚持把解决好“三农”问题作为全党工作重中之重，坚持工业反哺农业、城市支持农村和多予少取放活方针，不断加大强农惠农富农政策力度。会议讨论了《中共中央、国务院关于全面深化农村改革加快推进农业现代化的若干意见（讨论稿）》。

12月25日　国务院南水北调工程建设委员会办公室宣布，经过10年建设，南水北调中线干线主体工程完工。中线工程从丹江口水库引水，沿线开挖渠道，沿京广铁路西侧北上，可自流到北京、天津。输水干线全长1432公里，总投资2013亿元。

同日 北京市住建委发布，2013年全市建设、收购各类保障房16.2万套，竣工8.5万套，超额完成开工16万套、竣工7万套的计划。保障方式开始由“以售为主”向“以租为主”转变。

12月27日　京豫两省市召开座谈会，共同商议加强两省市经济社会发展和南水北调协作，发挥两地优势，实现互利共赢促进社会经济发展。

同日　在景山公园挂了57年的“北京市少年宫”摘牌，搬迁到左安门西街的少年宫新址。旧址将恢复为清乾隆十四年寿皇殿古建筑群的面貌。

12月28日　地铁8号线北南新线路开通试运营。北线昌八联络线全长6.3公里，设朱辛庄站、育知站、平西府站。南段开通什刹海站、南锣鼓巷站。8号线运营里程达到26.6公里。

12月29日　北医三院正式托管海淀医院。

12月31日　首都机场旅客年吞量超过8369万人次，同比增长2.2%；全年航班起降56.7万架次，同比增长1.9%，连续三年世界第二。

同日　北京市环保局和市经信委联合通报，截至年底，全市已经调整退出288家污染企业，超额完成年度退出200家污染企业的任务目标。

同日　北京市常住人口2114.8万人，比上年末增加45.5万人。其中，常住外来人口802.7万人，占常住人口的比重为38%。常住人口密度为每平方公里1289人。全市户籍人口1316.3万人，比上年末增加18.8万人。

同月　北京市人力社保局发布《关于参保人员延长缴纳社会保险费有关问题的通知》。通知规定，2014年起，在北京市累计缴纳基本养老保险费满10年，但全部缴费不满15年的外地户籍人员，可申请延长补足不满年限后，再办理退休手续。这意味着外埠参保人员北京退休的限制进一步放宽。

全年 Throughout the year

北京市 PM2.5年平均浓度每立方米为89.5微克，比每立方米35微克的国家标准超标约1.5倍。

北京市的平均气温为11.3℃，接近常年（1981年至2010年），全年的降雨量为508.4毫米，较常年偏少6.9%。

北京市属50家国有企业累计实现营业收入9500.7亿元，同比增长11.1%；市属企业盈亏相抵累计实现利润474.1亿元，同比增长22.0%；净利润349.4亿元，同比增长23.5%。

北京市金融业实现增加值2822.1亿元，同比增长11%，占地区生产总值的比重为14.5%，对地方经济增长率为19.8%。

附录2：

2013年北京有关城市发展政策法规文件要目

发布时间	文 号	文件名称
2013.01.03	京政发[2013]1号	关于开展第三次全国经济普查的通知
2013.01.22	京政发[2013]3号	关于 2013年实施平原地区造林工程的意见
2013.02.27	京政发[2013]4号	关于进一步加强本市应急能力的意见
2013.03.01	京政发[2013]6号	关于印发北京市贯彻落实国务院加快流通产业发展意见实施方案的通知
2013.03.11	京政发[2013]7号	关于促进城市南部地区加快发展第二阶段行动计划(2013—2015年)的通知
2013.03.29	京政发[2013]10号	关于实施工作日高峰时段区域限行交通管理措施的通告
2013.04.17	京政发[2013]12号	关于印发《北京市生活垃圾处理设施建设三年实施方案(2013—2015年)》的通知
2013.04.17	京政发[2013]14号	关于印发北京市加快污水处理和再生水利用设施建设三年行动方案 (2013—2015年)的通知
2013.07.09	京政发[2013]17号	关于加快推进石景山区国家服务业综合改革试点区发展意见的通知
2013.07.12	京政发[2013]19号	关于印发建设中关村军民融合科技创新示范基地行动计划(2013—2015年)的通知
2013.07.28	京政发[2013]21号	关于印发引进社会资本推动市政基础设施领域建设试点项目实施方案的通知
2013.08.26	京政发[2013]25号	关于进一步推进本市投资项目审批制度改革的意见
2013.09.11	京政发[2013]27号	关于印发北京市2013—2017年清洁空气行动计划的通知
2013.09.12	京政发[2013]30号	关于印发北京市地下水保护和污染防控行动方案的通知
2013.09.27	京政发[2013]31号	关于开展第一次全市地理国情普查的通知
2013.10.12	京政发[2013]32号	关于加快推进养老服务业发展的意见
2013.10.21	京政发[2013]34号	关于印发北京市空气重污染应急预案(试行)的通知
2013.10.21	京政发[2013]35号	关于空气重污染期间采取临时交通管理措施的通告
2013.11.28	京政发[2013]36号	关于取消和下放一批行政审批事项的通知
2013.12.09	京政发[2013]39号	关于印发全市地下管线安全专项治理工作方案的通知
2013.12.25	京政发[2013]41号	关于开展可移动文物普查工作的通知

附录3：

2013年北京城市重点建设项目

（一）交通项目

北京市2013年重点建设项目——交通项目

项目类别	项目性质	项目名称
机场建设	新开项目	1.北京新机场
轨道交通及配套	续建项目	2.北京站至北京西站地下直径线
		3.地铁6号线二期
		4.地铁7号线
		5.地铁8号线二期
		6.地铁8号线北延联络线
		7.地铁10号线二期
		8.地铁14号线
		9.地铁15号线一期（西段）
	新开项目	10.京沈铁路客运专线北京段
		11.京张城际铁路北京段
		12.丰台火车站改扩建
		13.丰沙铁路石景山段入地改造
		14.地铁6号线西延
		15.地铁8号线三期
		16.地铁16号线
		17.地铁昌平线二期
		18.地铁西郊线
		19.轨道交通运营线路消隐改造工程
高速公路	续建项目	20.京石二通道（大苑村—市界段）
		21.京包高速（五环路—六环路）
	新开项目	22.京台高速（北京段）
		23.110国道二期

续表

项目类别	项目性质	项目名称
城市道路	续建项目	24.广渠路二期
		25.京良路（京石高速—五环路）
		26. 111 国道二期（汤河口—市界）改建工程
		27.万寿路南延
		28.马家堡西路南延
		29.梅市口路
		30.长兴路（北宫南路）
		31.京周路新线
		32.运河核心区东关大道（新华大街—通燕高速）
		33.运河核心区北环环隧
		34.鲁坨路（京原公路旧路—鲁家山生物质能源厂）
	新开项目	35.长安街西延
		36.微循环道路工程
		37.京良路东段（芦求路—批发市场中轴路）
		38.龙爪树路（南三环—通久路东延）
		39.上庄路南延（含西山隧道）
		40.海淀山后核心区东侧路
		41.邓庄南路
		42.西三旗南路
		43.金中都南路
		44.西客站南路南延
		45.北辛安路
		46.古城南街（石景山路—莲石路）
		47.南丰路（百沙路—扶京门路）
		48.安宁庄东路
		49.北苑东路
		50.警备西路
		51.雁栖湖示范区环湖路二期
交通枢纽及其他	续建项目	52.阜石路快速公交系统
	新开项目	53.苹果园交通枢纽
		54.北苑北交通枢纽
		55.五棵松地下停车场

资料来源：北京市 2013 年重点建设项目计划．北京市发展与改革委员会网站．http://www.bjpc.gov.cn/tzgl/zdjs/2013_zdxm/jt/

（二）现代产业项目

北京市2013年重点建设项目——现代产业项目

项目类别	项目性质	项目名称
现代制造业	续建项目	1.中航工业北京航空产业园
		2.奔驰 MRA 后驱车
		3.奔驰汽车新建发动机工厂一期
		4.北京现代汽车有限公司第三生产厂区二期
		5.北京汽车动力总成基地生产区一期
		6.中国石化润滑油系统提高产品质量技术改造
		7.牛栏山酒厂研发中心暨升级改造
	新开项目	8.奔驰 MFA 前驱车一期
		9.奔驰汽车发动机工厂二期
		10.北京福田戴姆勒汽车有限公司新建发动机工厂
		11.华润医药大兴生物医药产业园
		12.中高电力发电设备产业化基地一期
		13.中船重工昌平船舶产业园一期
高新技术产业	续建项目	14.中芯国际(北京)有限公司一期增资扩产
		15.中国移动国际信息港
		16.中国电信北京信息科技创新园一期
		17.中关村航空科技园
		18.中国航信数据中心
		19.中关村软件园二期
		20.无线宽带物联网产业园一期
		21.国家核电科研创新基地一期
		22.德信移动终端产品制造中心
		23.中国卫星通信大厦
		24.方正医药研究院
		25.四环医药控股集团总部研发中心
	新开项目	26.中芯国际(北京)有限公司二期第一阶段合资建设12英寸集成电路生产线
		27.京东方第 8.5 代薄膜晶体管液晶显示器件（TFT-LCD）扩产
		28.联想总部北京园区
		29.腾讯北京总部
		30.网易北京研发总部
		31.百度科技园
		32.百度云计算中心
		33.瑞云云计算二期
		34.智能电网科技研发交流中心
		35.中关村数字电视产业园
		36.曙光超级计算机调试基地
		37.中材集团研发基地

续表

项目类别	项目性质	项目名称
生产性服务业	续建项目	38.新首钢高端产业综合服务区
		39.中国人寿研发中心
		40.中国建设银行北京生产基地
		41.中国农业银行北方数据中心
		42.国家开发银行稻香湖数据中心项目一期
		43.华嘉金融中心地块
		44.西城区金融街E区 9 号地
		45.京东商城全国总部
		46.国家地理信息科技产业园
		47.北京英特宜家购物中心（大兴）
	新开项目	48.月坛金融中心
		49.中信银行数据处理中心
		50.CBD 核心区 Z15地块商业金融项目（中国樽）
		51.CBD 核心区基础设施
		52.奥体文化商务园地下公共空间
		53.中关村壹号（中区）
		54.王府井国际品牌中心
		55.沃德兰长城国际名品中心
		56.电子商务企业总部基地
		57.新金融创新基地
		58.北京农产品中央物流园一期
		59.新发地农产品批发市场 12 万吨冷库
		60.通州马驹桥口岸
文化旅游会展产业	续建项目	61.雁栖湖国际会都
		62.中国园林博物馆
		63.北京文化硅谷
		64.中国动漫游戏城
		65.天坛演艺区幸福大剧院（东城区文化活动中心）
		66.天桥演艺区南区公建（天桥艺术中心）
		67.云居寺文化景区一期
		68.密云古北水镇国际休闲旅游度假区
		69.生态乐活城
	新开项目	70.中国乐谷艺术中心
		71.北京（宋庄）时尚创意产业园（国家时尚创意中心）
		72.世界种子大会场馆
		73.十一届世葡会葡萄博览园
		74.歌华国际文化商品展示交易中心
		75.纪录影视产业园
		76.中国出版集团文化创意产业基地
		77.八大处文化景区
		78.北京奥莱欢乐城
		79.华彬庄园和平宫

资料来源：北京市 2013 年重点建设项目计划 . 北京市发展与改革委员会网站 .
http://www.bjpc.gov.cn/tzgl/zdjs/2013_zdxm/xdcy/

（三）民生保障项目

北京市2013年重点建设项目——民生保障项目

项目类别	项目性质	项目名称
综合整治	新开项目	1.2013 年老旧小区综合整治
旧城改造及人口疏解	续建项目	2.钟鼓楼广场恢复整治工程
		3.天坛东里北区1–8 号楼搬迁
		4.杨梅竹斜街旧城保护
	新开项目	5.白塔寺旧城保护
		6.什刹海地区旧城保护示范
保障性安居工程	续建项目	7.房山区山区人口迁移安置工程
	新开项目	8.2013 年保障性住房
		9.2013 年棚户区改造
医疗卫生	续建项目	10.清华大学天通苑医院一期
	新开项目	11.北京大学第一医院大兴院区
		12.天坛医院迁建工程
		13.垂杨柳医院改扩建工程
		14.北京同仁医院经济技术开发区院区扩建工程
		15.北京回龙观医院门急诊综合楼
		16.北京商务中心区国际医院
		17.通州区新华医院
文化教育	续建项目	18.市属高校三年建设规划项目
		19.北京市中小学改造三年行动计划项目
		20.118 所公办幼儿园新建改扩建
		21.沙河高教园区
		22.良乡高教园区
		23.三十五中新址迁建
		24.顺义区职业教育中心一期
	新开项目	25.中国国家美术馆
		26.中国国学中心（国学研究与国际交流中心）
		27.中国工艺美术馆、中国非物质文化遗产展示馆
		28.保华国际学校
		29.国家大剧院舞美基地
社会服务	续建项目	30.北京市回民公墓扩建
		31.北京市南城养老院
		32.泰康人寿商业养老公寓
	新开项目	33.新华家园养老居住区
		34.石景山区京原路 7 号养老院
		35.北京市第二儿童福利院改扩建
		36.北京市救助管理总站

资料来源：北京市 2013 年重点建设项目计划．北京市发展与改革委员会网站．http://www.bjpc.gov.cn/tzgl/zdjs/2013_zdxm/msbz/

（四）生态环境项目

北京市2013年重点建设项目——生态环境项目

项目类别	项目性质	项目名称
固废处理	续建项目	1.鲁家山国家城市固废资源化利用示范基地
		2.南宫生活垃圾焚烧厂
	新开项目	3.海淀区循环经济产业园再生能源发电厂
		4.朝阳生活垃圾综合处理厂焚烧中心
		5.丰台区生活垃圾循环经济园湿解处理厂
		6.未来科技城垃圾气力收集输送系统
		7.大兴区建筑废弃物资源化处置
水务工程	续建项目	8.今冬明春中小河道水利建设
		9.中心城区积水治理
		10.郭公庄水厂
		11.东干渠工程
		12.南干渠工程
		13.团城湖调节池
		14.大宁调蓄水库工程
		15.小红门再生水厂及再生水利用工程
		16.高碑店再生水厂及再生水利用工程
		17.丰台河西再生水厂及配套管网
		18.未来科技城再生水厂一期
		19.平谷区再生水厂二期及再生水利用工程
	新开项目	20. 2013 年中小河道水利工程
		21.南水北调来水调入密云水库调蓄工程
		22.东水西调改造工程
		23.第十水厂 A 厂
		24.房山良乡水厂一期
		25.大兴黄村水厂
		26.通州水厂一期
		27.郑王坟再生水厂
		28.稻香湖再生水厂一期
		29.乡镇污水处理厂及管网建设项目
绿化工程	续建项目	30.京津风沙源治理
		31.南大荒休闲森林公园
		32.南海子郊野公园二期
	新开项目	33.2013 年北京市平原造林工程
		34.未来科技城滨水公园
		35.南中轴森林公园一期
		36.东南二环滨河森林公园
		37.雁栖湖生态发展示范区公园

资料来源：北京市 2013 年重点建设项目计划．北京市发展与改革委员会网站．
http://www.bjpc.gov.cn/tzgl/zdjs/2013_zdxm/sthj/

（五）能源资源项目

北京市2013年重点建设项目——能源资源项目

项目类别	项目性质	项目名称
热电工程	续建项目	1. 东北热电中心京能燃气热电厂
		2. 热电中心神华国华（北京）燃气热电厂
		3. 西北热电中心京能燃气热电厂
		4. 西北热电中心大唐热电厂
		5. 未来科技城燃气热电冷联供工程
供热工程	续建项目	6. 核心区非文保区平房居民煤改电采暖工程
		7. 长安街西延热力管线工程
		8. 京开东路至右外大街热力管线工程
		9. 高碑店路至青年路热力管线工程
		10. 朝阳北路热力管线工程
		11. 姚家园路热力管线工程
		12. 花家地供热厂清洁能源改造工程
		13. 西马供热厂清洁能源改造工程
	新开项目	14. 东高路至青年路热力管线工程
		15. 东高路至朝阳北路热力管线工程
		16. 电厂至长安街西延热力管线工程
		17. 顺义新城牛栏山组团供热工程
输变电工程	新开项目	18. 团结湖 220 千伏输变电工程
		19. 温泉 220 千伏输变电工程
		20. 岳各庄 220 千伏输变电工程
		21. 未来城 220 千伏输变电工程
		22. 怀柔北 220 千伏输变电工程
		23. 马坡 220 千伏输变电工程
		24. 首钢月季园 110千伏输变电工程
燃气工程	续建项目	25. 陕京三线二期天然气工程（永久线）
	新开项目	26. 陕京四线北京段
		27. 大唐煤制气工程（密云—李桥）
		28. 大唐煤制气市内接收工程
		29. 六环路天然气工程（北安河—大灰厂）
		30. 东北热电中心供气工程
		31. 西北热电中心供气工程

资料来源：北京市 2013 年重点建设项目计划．北京市发展与改革委员会网站．http://www.bjpc.gov.cn/tzgl/zdjs/2013_zdxm/nyzy/

后记
Epilogue

《当代北京城市发展2014》由当代北京编辑部主持，北京联合大学应用文理学院城市科学系组成课题组负责编写工作。课题组先后进行了初稿、修改稿以及审核稿的编写校核，数易其稿。参与编写的人员有：张景秋、杜姗姗、孙蕊、王丹丹、甄茂成、刘欢、黄建毅。

当代北京编辑部在本专辑编写过程中邀请有关专家进行研讨修改和最终定稿，参加的同志有：董颖、陶一凡、张妙弟、陶信成、唐合俭、张敬淦、郑拴虎、许方。

本专辑图片由北京摄影爱好者协会提供。